长江文明之旅

总顾问 冯天瑜 钮新强
总主编 刘玉堂 王玉德

长江流域的舟船桥梁

席龙飞 唐 浩 鞠金荧 著

长江出版社

长江文明馆献辞
（代序一）

冯天瑜

无边落木萧萧下，
不尽长江滚滚来。
——杜甫《登高》

江河提供人类生活及生产不可或缺的淡水，并造就深入陆地的水路交通线，江河流域得以成为人类文明的发祥地、现代文明繁衍畅达的处所。因此，兼收自然地理、经济地理、人文地理旨趣的流域文明研究经久不衰。尼罗河、幼发拉底—底格里斯河、印度河、恒河、莱茵河、多瑙河、伏尔加河、亚马孙河、密西西比河、黄河、珠江等河流文明，竞相引起世人关注，而作为中国“母亲河”之一的长江，更以丰饶的自然秉赋、悠远深邃的文化积淀、广阔无垠的发展前景，理所当然成为江河文明研究的翘楚。历史呼唤、现实诉求，长江文明馆应运而生。她以“长江之歌 文明之旅”为主题，以水孕育人类、人类创造文明、文明融于生态为主线，紧紧围绕“走进长江”、“感知文明”和“最长江”三大核心板块，利用现代多媒体等手段，全方位展现长江流域的旖旎风光、悠久历史和璀璨文明。

干流长度居亚洲第一、世界第三的长江，地处亚热带北沿，人类文明发生线——北纬30° 线横贯流域。而此纬线通过的几大人类古文明区（印度河流域，两河流域、尼罗河流域等）因亚热带副高压控制，多是气候干热的沙漠地带，作为文明发展基石的农业仰赖江河灌溉，故有“埃及是尼罗河赠礼”之说。然而，长江得大自然眷顾，亚洲大陆中部崛起的青藏高原和横断山脉阻挡来自太平洋季风的水汽，凝集巫山云雨，致使这里水热资源并富，最适宜人类生存发展，是中国乃至世界自然禀赋优越、经济文化潜能巨大的地域。

长江流域的优胜处可归结为“水”—“通”—“中”三字。

一、淡水富集

长江干流、支流纵横，水量充沛，湖泊星罗棋布，湿地广大，是地球上少有的亚热带淡水富集区，其流域蕴蓄着中国35%的淡水资源、48%的可开发水电资源。如果说，石油是20世纪列国依靠的战略物资，那么，21世纪随着核能及非矿物能源（水能、风能、太阳能等）的广为开发，石油的重要性呈缓降之势，而淡水作为关乎生命存亡而又不可替代的资源，其地位进一步提升。当下的共识是：水与空气并列，是人类须臾不可缺的“第一资源”。长江的淡水优势，自古已然，于今为烈，仅以南水北调工程为例，即可见长江之水的战略意义。保护水生态、利用水资源、做好水文章，乃长江文明的一个绝大题目。

二、水运通衢

在水陆空三种运输系统中，水运成本最为低廉且载量巨大。而长江的水运交通发达，其干支流通航里程6.5万千米，占全国内河通航里程的52.5%、水上运输量的80%，是连接中国东中西部的“黄金水道”，其干线航道年货运量已逾十亿吨，超过以水运发达著称的莱茵河和密西西比河，稳居世界第一位。长江中游的武汉古称“九省通衢”，即是依凭横贯东西的长江干流和南来之湖湘、北来之汉水、东来之鄱赣造就的航运网，成为川、黔、陕、豫、鄂、湘、赣、皖、苏等省份的物流中心，当代更雄风振起，营造水陆空几纵几横交通枢纽和现代信息会集区。

三、文明中心

如果说中国的自然地理中心在黄河上中游，那么经济地理、人口地理中心则在长江流域。以武汉为圆心、1000千米为半径画一圆圈，中国主要大都会及经济文化繁荣区皆在圆周近侧。居中可南北呼应、东西会通、引领全局，近年遂有“长江经济带”发展战略的应运而兴。长江经济带覆盖中国11个省（市），包括长三角的江浙沪3省（市）、中部4省和西南4省

（市）。11省（市）GDP总量超过全国的4成，且发展后劲不可限量。

回望古史，黄河流域对中华文明的早期发育居功至伟，而长江流域依凭巨大潜力，自晚周疾起直追，巴蜀文化、荆楚文化、吴越文化与北方之齐鲁文化、三晋文化、秦羌文化并耀千秋。龙凤齐舞、国风—离骚对称、孔孟—老庄竞存，共同构建二元耦合的中华文化。中唐以降，经济文化重心南移，长江迎来领跑千年的辉煌。近代以来，面对“数千年未有之大变局”，长江担当起中国工业文明的先导、改革开放的先锋。未来学家列举“21世纪全球十大超级城市”，依次为：印度班加罗尔、中国武汉、土耳其伊斯坦布尔、中国上海、泰国曼谷、美国丹佛、美国亚特兰大、墨西哥昆坎—图卢姆、西班牙马德里、加拿大温哥华。在可预期的全球十大超级城市中，竟有两个（武汉与上海）位于长江流域，足见长江文明世界地位之崇高、发展前景之远大。

为着了解这一切，我们步入长江文明馆，这里昭示——

一道天造地设的巨流，怎样在东亚大陆绘制兼具壮美柔美的自然风貌；

一群勤勉聪慧的先民，怎样筚路蓝缕，以启山林，开创丰厚优雅的人文历史。

（作者系长江文明馆名誉馆长、武汉大学人文社科资深教授）

一馆览长江 水利写文明（代序二）

钮新强

“你从雪山走来，春潮是你的风采；你向东海奔去，惊涛是你的气概……”一首《长江之歌》响彻华夏，唱出中华儿女赞美长江、依恋长江的深厚情感。

深厚的情感根植于对长江的热爱。翻阅长江，她横贯神州6300千米，蕴藏了全国1/3的水资源、3/5的水能资源，流域人口和生产总值均超过全国的40%；她冬寒夏热，四季分明，独有的北纬30º神奇，形成了巨大的动植物基因库，蕴育了发达的农业，鱼儿欢腾粮满仓的盛景处处可现；她有上海、武汉、重庆、成都等国之重镇，现代人类文明聚集地如颗颗明珠撒于长江之滨；她有神奇九寨、长江三峡、神农架等旅游胜地，多少享誉世界的瑰丽美景如数家珍；她令李白、范仲淹、苏轼等无数文人墨客浮想联翩，写下无数赞美的词赋，留下千古情。

长江两岸中华儿女，繁衍生息几千年，勤劳、勇敢、智慧，用双手创造了令世人瞩目的巴蜀文明、楚文明及吴越文明。这些文明，如浩浩荡荡的长江之水生生不息，成为中华文明重要组成部分。

人类认识和开发利用长江的历史，就是一部兴利除弊的发展史，也是长江文明得以丰富与传承的重要基石。据史料记载，自汉代到清代的2100年间，长江平均不到十年就有一次洪水大泛滥，历代的兴衰同水的涨落息息相关。治国先必治水，成为先祖留给我们的古训。

为抵御岷江洪患泛滥，李冰父子筑都江堰，工程与自然的和谐统一，成就了千年不朽，成都平原从此“水旱从人、不知饥馑”,天府之国人人神往。

一条京杭大运河，让两岸世世代代的子孙受惠千年。今天，部分河段化身变为南水北调东线调水的主要通道，再添新活力，大运河成为连接古今的南北大命脉。

新中国成立以后，百废待兴，党和政府把治水作为治国之大计，长江的治理开发迎来崭新的时代。万里长江，险在荆江。1953年完建的荆江分洪工程，三次开闸分洪抗击1954年大洪水，确保了荆江大堤及两岸人民安全。面对'54洪魔带来的巨大创伤，长江水利人开启长江流域综合规划，与时俱进，历经3轮大编绘，成为指导长江治理开发的纲领性文件。

“南方水多，北方水少，能不能从南方借点水给北方？”毛泽东半个多世纪前的伟大构想，是一个多么漫长的期盼与等待呀。南水北调的蓝图，在几代长江水利人无悔选择、默默坚守、创新创造中终于梦想成真，清澈甘甜的长江水在“人造天河”里欢悦北去，源源不断地流向广袤、干涸的华北平原，流向首都北京，流向无数北方人的灵魂里。

新中国成立以来，从长江水利人手中，长江流域诞生了新中国第一座大型水利工程——丹江口水利枢纽工程，万里长江第一坝——葛洲坝工程，世界最大的水利枢纽——三峡工程。与此同时，沉睡万年的大小江河也被一条条唤醒，以清江水布垭、隔河岩等为代表的水利工程星罗棋布，嵌珠镶玉。这是多么艰巨而充满挑战、闪烁智慧的治水历程!也只有在这条巨川之上，才能演绎出如此壮阔的治水奇观，孕育出如此辉煌的水利文明，为古老的长江文明注入新的动力!

当前，长江经济带战略、京津冀协同发展战略及一带一路战略正加推提速，长江因其特殊的地理位置与优质的资源禀赋与三大战略息息相关，长江流域的健康发展关系着三大战略的成败。因此，长江承载的不仅是流域内的百姓富强梦，更是中华民族的伟大复兴梦。长江无愧于是中华民族的母亲河，她的未来，价值无限，魅力永恒。

武汉，把长江文明馆落户于第十届园博会园区的核心，塑造成为园博会的文化制高点和园博园的精神内核，这寄托着武汉对长江的无比敬重与无限珍爱。可以想象，长江文明馆开放之时，来自五湖四海的人们定将发出无比的惊叹：一座长江文明馆，半部中国文明史。

（作者系长江文明馆名誉馆长，中国工程院院士、长江勘测规划设计研究院院长）

目 录

导 言

20 世纪 80 年代，在浙江余姚河姆渡新石器文化遗址发现的古木桨，确认了长江流域是中华民族古代文明的摇篮；2002 年，在杭州萧山跨湖桥新石器文化遗址发现的独木舟，更加牢固地奠定了中国是世界造船古国的地位。千百年来，我国先民们在“天人合一”等哲学思想指导下，用他们智慧的头脑，勤劳而百折不挠的精神建造精美的桥梁，使其具有自身的通过功能外，还被赋予艺术的特质，充分反映了其渗透在生活中的文化元素。

一

《光明日报》于2000年12月7日，曾以一个整版篇幅评介新著《中国造船史》，其通栏大标题是“舟船——承载中华文明七千年”。这是因为早在20世纪80年代，考古人员就在浙江余姚河姆渡新石器文化遗址中发现七千年前的古木桨以及其他相关文物，把中华文明推向了比黄河流域仰韶文明更早的时期，确认长江流域也是中华民族古代文明的摇篮。在2002年，浙江的考古学家又在杭州萧山发现了跨湖桥新石器文化遗址以及八千年前的独木舟，不仅坚定了长江流域是中华民族古代文明摇篮的地位，而且牢固地奠定了中国是世界造船古国的地位。今天，我们似乎可以说“舟船——承载中华文明八千年”。

进入春秋时代以后，战争和贸易使长江流域造船业开始发展。吴国的战船大翼和王舟艅艎，是长江流域也是我国代表性的大舰；而鄂君启节的出土，则向我们展示了楚国发达的水路运输和水上贸易。

秦汉及隋唐时代，中国的造船技术发展迅速。秦代曾建成灵渠，以沟通长江与珠江两大水系，为向岭南运兵及发展统一大业构筑交通基础。汉代在开拓中国去西亚丝绸之路的同时，又从广东的徐闻、广西的合浦起航，开拓了海上丝绸之路。隋代为结束南北朝划江而治的分裂局面，仿效晋代在长江上游建造大船的历史经验，在重庆奉节建造起五层楼的五牙舰。由杨素统帅的以五牙舰为主力的舟师，沿长江而下三战皆捷，直捣南京，在消灭陈朝统治，结束南北朝分裂局面，从而在统一全国的大业中发挥了重要

「隋炀帝下江南」

的历史作用。隋炀帝时为有效地控制江南割据势力霸地自主，巩固统一，举全国之力开凿运河。隋炀帝三下江南的龙舟船队是当时造船能力与船舶制式的大检阅。唐代在发展长江以及大运河的运输业方面不遗余力，如皋唐船、施桥唐船以及淮北柳孜大运河遗址发掘的一批唐船，为唐代长江及大运河船舶之盛提供了实物证据。

宋元时代，我国的造船技术达到巅峰。长江船舶开始有客船与货船之分。杨幺起义军在洞庭湖大造车轮战船，给南宋朝廷造成巨大威胁，此后在南宋抗金的“采石之战”中车轮战船发挥了巨大的威力。新近在山东菏泽发现的元代运河支流船舶，其船底板以及舷侧外板板列的列数竟与明代著作《南船纪》所载一百五十料船完全一致，这就证明我国在宋元以来所造船舶已经制式化了。这当然也是中国造船业的一项重大成就。

「郑和下西洋」

明代郑和七下西洋的船舶，主要是在南京长江边的宝船厂建造的，其起锚港则是江苏太仓。福建长乐是船队集结候风的出发港。南京市博物馆对南京宝船厂遗址发掘，其成果为大型郑和宝船提供了重要证据。

明代还产生了有关船舶的一系列学术著作，例如《天工开物》有船舶分类及重要船型的介绍，更有四爪铁锚如何锻造的论述。《南船纪》、《龙江船厂志》则是记述内河及运河船舶的著作。《筹海图编》与《武备志》记述了各式战船。《武备志》第240卷所披露的《郑和航海图》反映了郑和七下西洋的伟大技术成就。这一系列关于船舶的著述是当时世界各国所绝无仅有的。

在清初，长江航运相当衰滞，自雍正年间起日趋繁盛，到乾隆年间则盛极一时。长江及运河的船舶可谓百花齐放，《姑苏繁华图》便反映了清代内河船舶的崭新面貌。鸦片战争失败后的锁国政策，使清代的造船业严重受挫，远洋航海业处于停顿状态。

从洋务运动起，我国开始学习新式的造船方法，为近代造船业奠定了技术基础。1905 年，上海的外资船厂建造了长江客货船“江新”号。1912 年，江南船坞建成长江客货船“江华”号。其后在上海又建成川江客货船“隆茂”号，该船由于航速高，在三峡航段可以自行冲滩，被认为是我国在打通川江方面的重要创新。

新中国成立后，百废待兴，造船业也从修旧利废开始起步。在 20 世纪 50 年代，我国曾将老旧船舶“江新”、“江华”等加以改建，使之继续营运 20 多年，堪称奇迹。之后又相继建成新型的川江客货船“民众”、“大众”以及“江陵”等。

在随后十年动乱中，虽然航运行业受到影响，但是此间还是建成“东方红 38”号型川江客货船和“东方红 11”号型长江中下游大型班轮。两型船舶都经过定型并批量生产，为改善长江客运作出重要贡献。在十年动乱期间，业内人士为长江航运的不景气、运量远远落后于美国密西西比河而忧心忡忡。在改革开放 30 多年之后，随着我国国民经济的发展，长江的运量则几倍于美国的密西西比河。长江航运这艘巨轮将乘着强劲而激烈的春潮，驶向春光灿烂的美好未来。

二

与舟船文化一样，长江流域的桥梁文化也历史悠久，源远流长。千百年来，我们的先民在长江流域大小河流上建造了难以计数的桥。这些桥大致可以分为梁桥、拱桥、刚架桥、悬索桥、组合体系桥（斜拉桥）等几种类型（或它们的组合）。

不过，人类最初造桥是为了满足现实需要，并非为了历史留名或科技进步，因此造桥的科技和经验在古代很长的时间段中主要就是依靠口耳相传，能够形诸文字、传承经验的不多，造桥技术的发展实属不易。

「南京长江大桥」

与之相比，现代桥梁建造技术复杂、难度颇高，反映着一个国家的科学技术水平与经济实力。我国的建桥技术也正是在近几十年中突飞猛进，迈入世界建桥大国行列的。其中长江流域桥梁数量多、种类丰富，各项技术指标都能够代表我国建造桥梁的最高水平。古朴典雅的武汉长江大桥、跨越千米的苏通长江大桥就是其中最好的代表。

桥梁是文化的载体，桥梁建筑是凝固的音乐，是美的寄托。桥梁建筑除自身所具有的实用功能外，还被赋予了艺术的特质和情感因素，甚至成为文化现象。千百年来，我国先民们在“天人合一”等哲学思想指导下，建造了精美的桥梁。人们在解决出行困难的同时，还充分发挥自己的聪明

「武汉长江大桥」

才能，寄托了自己对世界的领悟、认识，从而使这些桥梁具有了一些艺术风采，丰富了中华文化内涵。长江流域的桥梁文化博大精深，了解长江流域古今桥梁建造成就和人文趣事也是一件很有意思的事情。

三

由于长江流域舟船和桥梁的数量实在庞大，保守估计，流域内先后出现的具有文化特色的经典桥梁也在千座以上，而各式各样的船舶更是无法计算。限于篇幅，许多内容只能被忍痛割爱，本书只摘取其中具有代表性的少数典型加以介绍。期望读者在了解长江流域诸多精美的舟船和桥梁之时，能够得到内心的享受。

上篇：舟船

长江是中国第一大河，也是中华民族的母亲河，纵横交错的水网系统，相对发达的社会经济条件，催生了这里源远流长的舟船文明。千万年来，长江流域的航运及舟船文化始终走在全国大河的前列。如今，它更百尺竿头，更进一步，乘风破浪，驶向更加美好的未来。

长江流域是中国舟船的重要发源地

◉ 浙江一批木桨的出土见证长江舟船史

在1956年和1958年，我国考古工作者分别在濒临太湖的吴兴钱三漾和杭州水田畈两处文化遗址中，发掘出新石器时代末期的一批文物，其中有许多木桨。据鉴定这些都是4700年前的遗物。与这批古木桨同时，还出土了犁、锛、斧、刀等石器，以及陶器、竹编织物、其他木器和植物种子等。

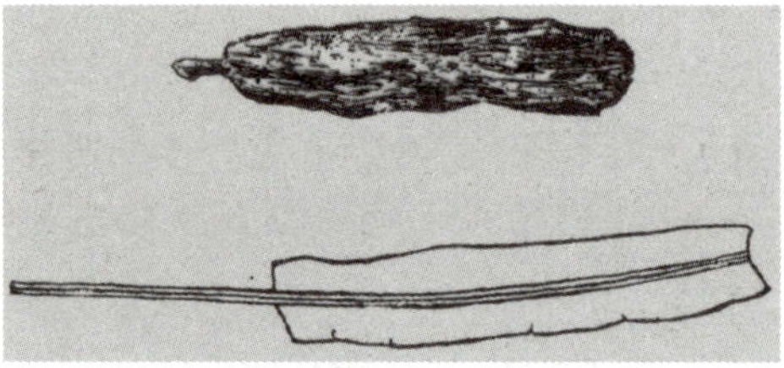

「杭州水田畈、吴兴钱三漾出土的木桨」

吴兴钱三漾木桨以青冈木制成，桨叶呈长条形，长96.5厘米，稍有曲度，凸起的一面正中有脊，柄长87厘米（图下）。水田畈木桨分宽窄两种。宽者叶宽而扁平，宽26厘米，厚1.5厘米，末端削成尖状，另作桨柄捆绑其上（图上）。窄者数量较多，桨叶宽10~19厘米，用整根木料削成，桨柄成圆锥形。这一批木桨的发现足以证明，在长江中下游和滨海地区，在新石器时代，舟船活动就已相当广泛。舟楫的出现和应用，对于促进生产发展和文化交流都具有重大意义。

不过，限于认识水平，这两处代表长江流域舟船文化的遗址，在当时的发掘报告中被认为是地处山东章丘的龙山文化南进的结果，让人读起来觉得很不好理解。

◉ 河姆渡的发掘兴起长江流域也是中华文化摇篮的新说

河姆渡文化遗址位于浙江省余姚县的河姆渡，在地域上属长江三角洲，在文化学上与长江流域的古文化关系密切，因此被认作为长江下游一个母系氏族公社的村落遗址。

经过 1973 年和 1978 年的两次发掘，考古人员有了丰富的科学发现，出土的生产工具和生活用具共六千多件，其中就有几把古木桨，右图为河姆渡木桨在出土现场的照片。该桨的桨叶与桨柄采用同一块木料制成，残长 63 厘米，残宽 12.2 厘米，厚 2.1 厘米，做工精细，桨柄与桨叶结合处，阴刻有弦纹和斜线纹图案。柄部，断面呈圆角方形，粗细仅容手握。

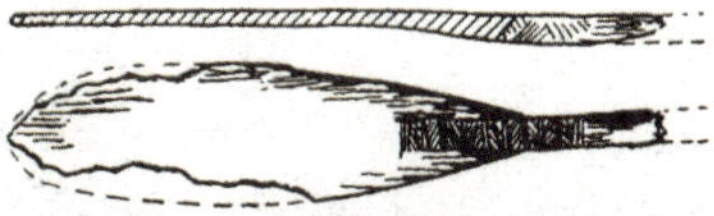

「七千年前的河姆渡雕花木桨(牟永抗提供)」

许多考古学家认为，这把精美的木桨表明当时的人们可能已经有了美的意识。这把桨既是物质财富，也是具有代表性的精神财富。鉴于河姆渡遗址的年代在距今 7000 年以前，比黄河中游的仰韶文化（大约在 6500 年以前）还更早些，因此学者们在发掘报告中第一次明确提出："长江流域也是中华民族古代文化的摇篮。"在 1980 年，笔者曾向浙江省文管会的考古学家去信求教：为什么以前说是龙山文化的南进，现在又说长江流域也是古代文化的摇篮？浙江的考古学家牟永抗先生回信说："前一说法已经过时，望勿再引用。后面一种学术见解已为广大考古学家和历史学家所接受和赞同。"

季羡林先生在《长江文化议论集》序中说："对长江文化进行认真的、系统的、深入的研究，眼前恐怕还是处在起步的阶段，但其重要意义却已为广大的了解情况的学者所认识。"

从舟船文化的起源与发展的视角观察，笔者很赞同季羡林先生的说法。

20 世纪 80 年代初，笔者曾参观过地处杭州西湖畔的浙江省博物馆。河姆渡古木桨被展出在序馆的最醒目的位置，这个序馆给我的深刻印象就是："长江流域也是中华民族古代文化的摇篮。"

◉ 长江流域是中国舟船重要的发源地

在浙江余姚河姆渡发现的距今 7000 年前的木桨，可以说是当今世界最为古老的木桨。笔者的这一论断在 1991 年联合国教科文组织召开的海上丝绸之路国际学术会议（泉州）上，得到与会各国学者的赞同。2000 年，笔者在《中国造船史》中写道：“显而易见，这样做工精细的木桨，绝不会是最原始的。原始木桨的出现当然会更早，如果推到 8000 年前或更早一些，应当说也在情理之中。考古学家认为，桨是随着船的出现而出现的，有舟未必有桨，有桨却必定有舟。独木舟在长江中下游和滨海地区形成于 8000 年前或更早，也概可定论。”这是我的推论，也是一种预言。

笔者的上述推论，或者说是预言，当时看起来未免有些大胆，不过，让笔者没有想到的是，不久之后它居然得到了证实。

2002 年 11 月，笔者接到国内知名文物保护专家、泉州海外交通史博物馆副馆长李国清研究员的电话，得知在杭州萧山发现了新石器时期的独木舟。浙江省文物考古研究所蒋乐平副研究员也打来电话。他兴奋地通报说，他们发掘到的是 7600 至 8200 年前的独木舟。他还热情地邀我尽早地去遗址考察。

「浙江萧山跨湖桥遗址出土的的独木舟（席龙飞摄）」

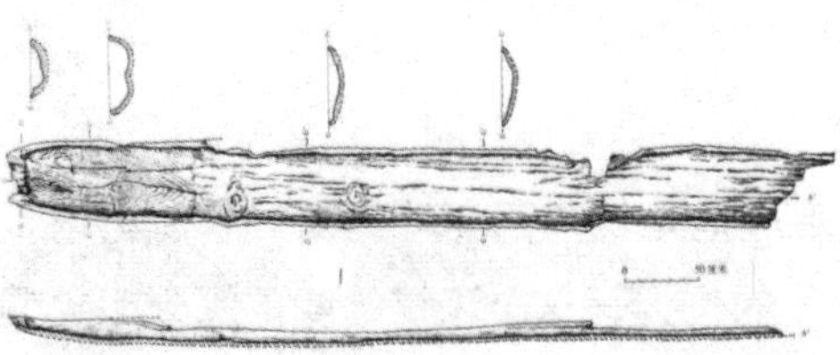

「跨湖桥遗址独木舟测绘图」

2002 年 12 月 14 日下午，笔者趋车到萧山跨湖桥遗址现场，生平第一次见到了先用火烧再用石器刳制出的独木舟。

由于经过长期使用，舟体的内表面被磨得很光滑，但是大面积被火烧的痕迹犹存。这一考古发现证实了恩格斯的关于“火和石斧通常已使人们能够制造独木舟”的论断。不过，对我们中国来说，或者对跨湖桥遗址来说，制造独木舟使用的是火和石锛。伴随着独木舟的出土，还发现有相当数量的石锛及与之相配套的木柄。这些木柄大致可分成大、中、小号，由于经过长期使用，已经被磨得非常光滑，甚至可以被看成是精致的工艺品。在独木舟的近旁不仅有相当数量的木材，更有两把正在加工中的木桨。

更让人惊叹的是，在离独木舟几米远的地方发现有一块编织物，其纹理的精细、编织的工整，实不亚于现代人的工艺水平。

我们祖先的劳动技巧和技艺水平实在是远远超出我们的想象。

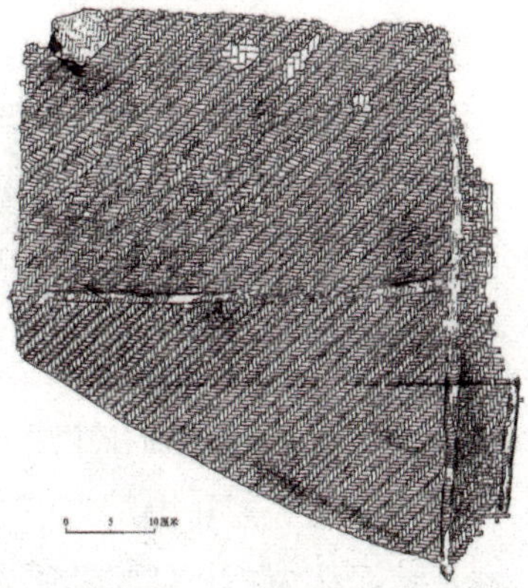

「跨湖桥遗址发现的编织物测绘图」

这块做工精细的编织物，在编织时还夹着横向和竖向的木质杆状物体，从而使编织物能展开成一个平面。对这块编织物的用途，笔者十分关心。有的人撰写文章，说将这块编织物竖起来就可以当作风帆。我赞叹这位作者丰富的想象力，但在新石器时代是否已有类似的风帆，我不敢相信，还是存疑为善。

在河姆渡遗址还采集到一件舟形陶器。该器舟体型线圆滑流畅，说明这已经不是最原始的独木舟了。舟形陶器在长江流域还另有发现，如 1973 年在湖北宜都红花套新石器时代文化遗址中出土的一件。复原后形如一矩形槽，方头方尾，两端略向上翘，底成弧形。这被认为是模拟当时平底式独木舟的陶制品。该遗址经测定，其年代为距今 5775 ± 120 年。

「河姆渡新石器遗址出土的舟形陶器」

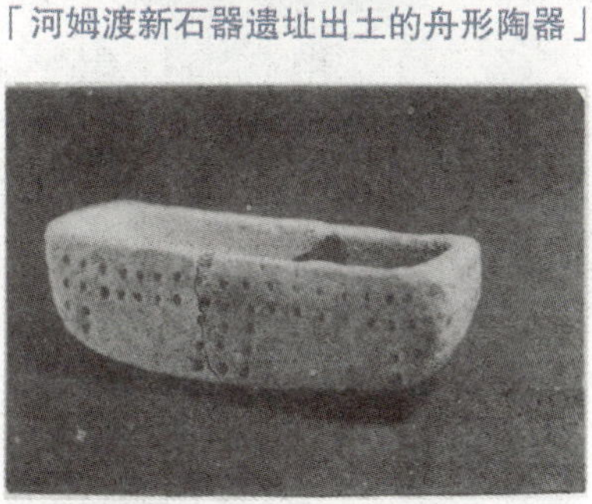

「长江中游湖北宜都红花套遗址出土的舟形陶器」

对于舟形陶器，有人认为是艺术品，有人认为是冥器，也有说是玩具的。考古工作者认为：无论有什么用途，这些陶器一定是仿照实际生活存在的器物而塑造的。舟形陶器的发现说明当时的实际生活中存在着舟船。

这些考古学成果证明：长江流域确是我国舟船重要的发源地。

「甲骨文中的舟字和带有舟字边旁的字」

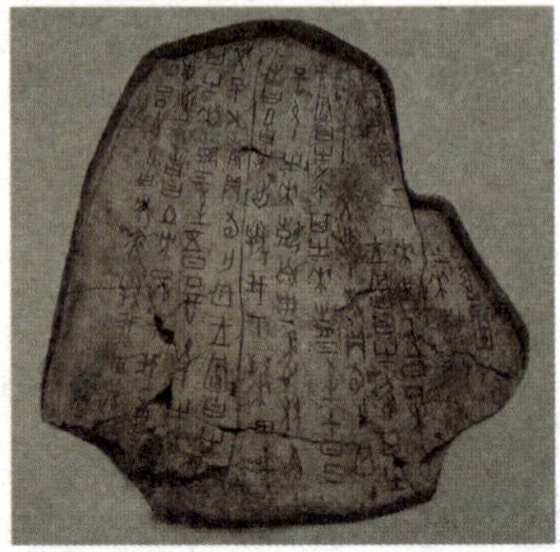

「刻在龟甲或兽骨上的文字——甲骨文」

在商代刻在龟甲或兽骨上的文字，通称为甲骨文。这是中国最为古老的文字。在甲骨文中发现有“舟”字和带“舟”字偏旁的字。我国学者普遍认为：从“舟”字可以看出它所表征的舟，是由纵向和横向构件组合的木板船，出现在距今3500~3000年以前的商代。

到了周代，长江流域已经有了相当进步的舟船的记载。《史记·周本纪》记有：“昭王之时，王道微缺。昭王南巡狩不返，卒于江上，其卒不赴告，讳之也。”在注解中还引《帝王世纪》：“昭王德衰，南征，济于汉。船人恶之，以胶舟进王。王御船至中流，胶液船解，王及祭公俱没于水中而崩。”按《通俗文》的记述是：当昭王攻楚时，有人向楚君献策，令船匠大造王舟，用胶黏合船板，泊在汉水渡口，待周昭王到达汉水，由楚君假意相迎，请周王登胶舟使其与舟共溺中流。从这一系列叙述中，可以看出当时地处江汉平原的楚国，已经具备了相当高超的造船技艺。

由于周昭王因乘船死于汉水，天子的乘船安全问题引起了注意，并建立了制度和配备了相应的官员，叫做舟牧，大约要执行类似于今日验船师的职责。如《礼记·月令》所记：“季春之月……命舟牧覆舟，五覆五反，乃告舟备具于天子焉。天子始乘舟。”

看来，长江流域不仅是中国舟船重要的发源地，而且在这里还最早建立了验船制度，并最早设立了“验船师”岗位。

◉ 跨湖桥独木舟凸显中国舟船文明的辉煌

浙江萧山跨湖桥遗址的独木舟，不仅在中国、在亚洲都是最为古老的，在全世界的范围来说也是罕见的。笔者仅知的一例是在荷兰发现的公元前 6315 ± 275 年的独木舟。按制造年代而论，浙江跨湖桥独木舟与荷兰独木舟大体上是相当的。据《跨湖桥》一书的报告，独木舟存在的“2001、2002 年发掘区湖Ⅳ~湖Ⅰ层，年代距今 8200~7800 年。”面对跨湖桥出土的大量器物，作为炎黄子孙我们为之骄傲和自豪。

中国发明的船尾舵、车轮舟、水密舱壁和指南浮针，对世界造船及航海技术做出了重要贡献。

但是若干年来，西方的一些学者流行一个观点，即中国不曾有独木舟，中国的木船是由筏子直接发展和演变的，即他们认为中国船的底部没有龙骨。日本学者上野喜一郎在其《船的世界史》（东京：舵社 1980 年版）中，竟然说“中国船是以没有纵向构件为特征的”。上野先生还认为中国人按照传统的方式造船，由于不采纳外国任何进步的造船技术，所以几千年来并无任何大的改良和进步。然而在《船的世界史》出版前 6 年，在中国的福建泉州湾已出土了带有宽 42 厘米、厚 27 厘米方形龙骨的宋代海船。此船的技术精湛，为世界各国同时代古船所罕见。它的 2 层板、3 层板技术，用舱壁分隔成 14 个大舱的技术以及使用铁钉和捻缝技术，使在《马可波罗行记》和日本学者桑原骘藏的《浦寿庚考》等著作中对中国船的论述和考证得到证实。

上野喜一郎先生所著的《船的世界史》，对我国古船信息尚且如此隔膜，其他的西方学者的认知局限恐怕也可以想象，浙江萧山跨湖桥出土的 8000 年前独木舟，足以澄清他们对中国舟船文化的误解和偏见。

春秋战国时期的水运水战及船舶

◉ 春秋时代的水运水战及船舶

春秋时代（公元前 770—前 476 年），因航区不同或运输要求各异，逐渐出现了特点不同、形状不一的各类船舶。民间有以快速为主的轻舟、扁舟，还有适用于短途交通的舲船。

位于长江中下游地区的楚国和吴国是当时水运和造船的大国。吴国西滨长江，东通大海，疆域内有浩瀚的太湖及纵横的水网，是一个“不能一日而废舟楫之用”的国家。吴国人还特别重视治理水道。公元前 486 年，吴王夫差开掘邗沟。《左传纪事本末》记有哀公九年秋，“吴城邗，沟通江、淮”。公元前 484—前 482 年又开掘深沟，东边沟通沂水和泗水（二水皆通淮水），西边沟通济水和黄河，这样，就把江、淮、河、济四条大河的水道都沟通起来了。

都城位于会稽（今浙江绍兴市）的越国，主要辖地是今浙江省境一带。但百越民族分布范围很广，南到今福建、广东、广西以至越南的北部，包括广大的沿海地区及附近的岛屿。现在舟山群岛中的定海，当时称甬勾东，就是越国的直属领土。百越人各族间的联系，多依靠海上交通。《越绝书》记有，其人“水行而山处，以船为车，以楫为马，往若飘风，去则难从”。

早在西周时就有“于越献舟”之举，实则是由越人向中央地区传授造船技术。及至春秋，沿海及中原的造船技术又有了进一步发展。公元前 473 年，越灭吴。越国大夫范蠡为避祸，乃弃官经海路赴齐国的定陶经商而致富。《史记·越王勾践世家》记有“范蠡以为大名之下，难以久居”，“乃装其轻宝珠玉，自与其私徒属，乘舟浮海以行，终不反”，“范蠡浮海出齐，变姓名自谓鸱夷子皮”。

春秋时代各诸侯国之间的兼并战争激烈而频繁，从田园辽阔的中原到江河交错的江南，争战四起。中原争战用车，江南水战则以舟船为主。战争的需要，推动了造船业的发展，也促进了船型的多样化。

中国历史记载最早的重大水战，发生在公元前549年夏，如《文献通考·兵》载：“用舟师自康王始”。

《左传纪事本末》卷四记有：楚康王十一年“楚子为舟师以伐吴，不为军政，无功而还”。公元前525年，吴楚两国又发生一次激烈的水战，吴国派公子光率舟师逆长江而上攻打楚国，结果反而被楚国俘去王舟艅艎。这就是《史记·吴太伯世家》所载：“王僚二年，公子光伐楚，败而亡王舟。光惧，袭楚，复得王舟而还。”自此之后，水战频仍，不仅在江河作战，甚至发展到海上作战。

吴国的战船有大翼、中翼、小翼，另外还有楼船、突冒、桥船等。吴国战船大翼长12丈，宽1丈6尺，“容战士二十六人，棹（卒）五十人，舳舻三人，操长钩、矛、斧者四，吏仆夫长各一人，凡九十一人”；中翼长9丈6尺，宽1丈3尺；小翼长9丈，宽1丈2尺。据考证，晚周到战国时的尺度，每尺约相当于0.23米，折合成今日的米制，大翼长27.6米，宽3.68米；中翼长22.08米，宽2.99米；小翼长20.7米，宽2.76米。其长宽比分别为7.5、7.39和7.56。这三翼战船船体修长，若顺水而下，再用50名桨手奋力操桨，则船行如飞。

◉ 春秋战船大翼与王舟艅艎的复原研究

2000年，浙江嘉兴正在筹建船文化博物馆，我们的学术团队应邀为之复原制造吴国的战船大翼。春秋时期战船的形象资料，在出土和传世的战国时期的铜鉴和铜壶上得到了生

「战国铜鉴的战船纹」

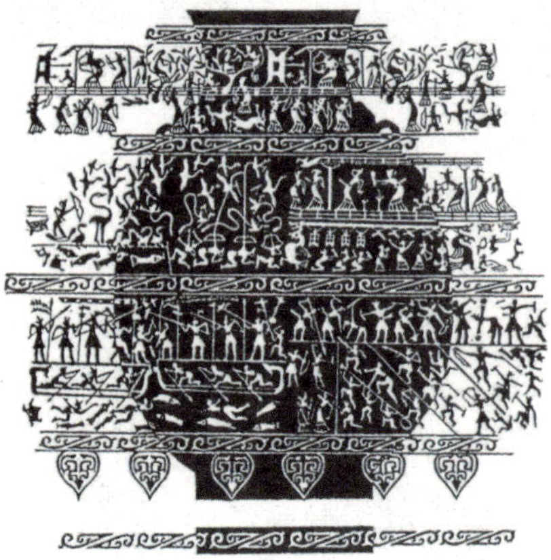
「传世的宴乐渔猎耕战纹铜壶的拓本」

动而翔实的反映。战国水陆攻战纹铜鉴，于1935年在河南省汲县（今卫辉市）山彪镇一号墓出土，战船纹如图。

另一件重要的青铜器是北京故宫博物院藏传世文物宴乐渔猎耕战纹铜壶，其拓本如图。

无独有偶，1965年又有成都市百花潭中学战国时期十号墓中出土一件与之相类似的嵌错宴乐渔猎耕战纹铜壶。从铜壶的纹饰看，两者的构图和技法几近相同。

图案共分3组，上层为采桑和射猎；中层为渔、猎和乐舞；下层为水战和攻城战。

就水战的战船形制而论，两铜壶又更相似些。与铜鉴上的战船有4名桨手不同，这里每船只有3名桨手。当然，这4名和3名也只有象征意义，真实的数字当几倍于此数。如前所述，在《越绝书》中大翼战船有棹卒50人，首尾操驾3人，还有4人持长钩、矛、斧专门负责在两船接舷时任钩推之职，这样操船战卒在全船共91人中约占2/3。再有，就战船的船型看，两铜壶的船型更具美感。首部有似后世所说的鷁首，而尾部似后世龙舟的尾形，曲线柔中寓刚，这说明即使是战国时代的战船，其设计和制作都非常注意美感和视觉效果。

按前节所述，吴国战船大翼长度为12丈，宽度为1丈6尺。按每尺相当于0.23米计，则长度与宽度分别为27.6米和3.68米。考虑到在舱内划桨，舱底又铺设木铺板，则舱深似不应小于2.2米。假定大翼战船的吃水约为5尺，则合1.15米。试取木铺板的高度为0.25米，又假设船舶剖面略呈盆状，可设绘出战船的船中剖面图。

如按上述试取船深、吃水，则大翼的宽深比为1.67，宽与吃水比为3.2。这些取值虽然是从划桨的要求为出发点的，但也能合于对船体强度与稳性的基本要求。桨孔在水线以上的高度约为 0.3 米，这难免会被舷外水浸入，但只要在棹孔周围钉以牛皮套并将此套绑缚在桨柄上，既可防舷外水入浸，又不防碍桨的划动。如此复原，则能与三种青铜器的船纹相一致，较便于划桨，船的重心较低，有利于稳性。

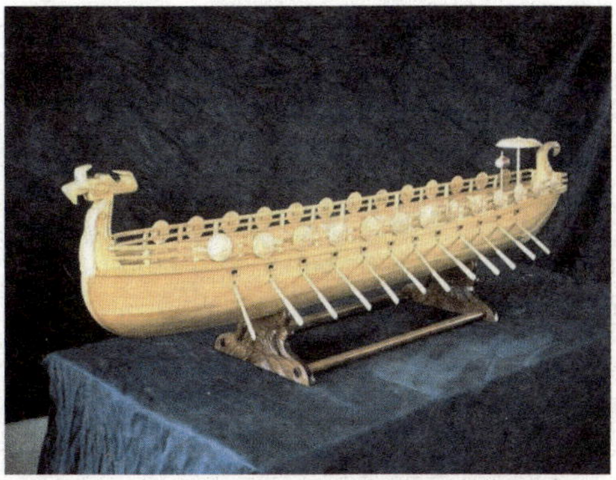

「吴国战船大翼的复原模型」

早在 1957 年的文物普查中就已发现吴王阖闾城遗址。有关部门在建设吴国王城的博物馆以及吴王阖闾城遗址公园。要求我们的学术团队为之复原研究吴国王舟艅艎以及由战船大翼、中翼等组成的舰队。

艅艎是王舟，又有作战的功能，应当是水师的旗舰。

船舶的动力主要靠众多桨手划桨。这一点与战船大翼有共性，但是艅艎的尺度要比大翼为大，桨手人数更多。因为是王舟，装饰要讲究一些，不仅要华丽，更应当雄伟。

如果全船设 40 把桨，则每舷为 20 把。设前后桨间距为 1.25 米，则 20 把桨的划桨区域即为 25 米，所以王舟艅艎的长度应有 30 米以上，成为当时最大最长的大舰。

此外，要使王舟艅艎有雄伟的造型，还必须重视艅艎首尾的造型与装饰。为此我们选取商周时代青铜器上的鹢首形象作为造型元素。

「选择青铜器上鹢首形象作为造型元素」

王舟艅艎的效果图有如图所示。众多桨手在甲板之下的船舱里划桨。

在甲板之上设置国君的居住舱。周边设女墙，可供战士作战用。在露天甲板上设阁楼作为指挥舱，露天甲板也是战士作战的场所。

「吴国王舟艅艎造型效果图之一」

如效果图所示，我们为无锡所复原的王舟艅艎，其长宽尺度稍偏大。这主要是根据甲方的要求，因为太湖的湖面很大，如果舰队的船型太小，在视觉上则缺少冲击力。但从形象和作战功能上看，仍具有真实性。

「吴国王舟艅艎造型效果图之二」

◉ 文献所载战国时代的水运及船舶

战国时期，有关长江水运的文献更多。在《史记·张仪传》中，秦惠王派使臣张仪（？—公元前310年）到楚国游说时，张仪向楚怀王介绍了秦国的情势，其中说道："秦西有巴蜀，起于汶（音岷，与岷通）山，浮江已下，至楚三千余里。舫船载卒，一舫载五十人，与三月之食，下水而浮，一日行三百余里，里数虽多，然而不费牛马之力，不至十日而距扞关（楚之西界，今湖北长阳）。"张仪的游说对秦国难免有夸大成份，但对航道和舫船载卒的表述，当在情理之中。在西周时期只有大夫这一等级的官员才能乘坐的舫船，到了战国时期则变成了实用的货运工具，可见造船业发展之迅速。

战国时期，楚怀王赐给鄂地封君启的金节（实为青铜质），1957年于安徽寿县城东丘家花园出土。此种青铜器分两种，一为车节，一为舟节。舟节是一个特准的水路运输免税通行凭证。

「鄂君启金节」

舟节上铸有错金铭文，字形耀目：“大司马昭阳败晋师于襄陵之岁”。查《史记》卷四十载：“六年，楚使柱国昭阳将兵而攻魏，破之于襄陵，得八邑。”由此可断定此金节为楚怀王六年（公元前323年）所铸。这金节可能是这位名字叫做启的鄂地封君随军战晋有功，因而获得楚怀王的恩赏。金节铭文中的“败晋”与《史记》中所记“攻魏”并不相悖。因为到公元前377年，韩、赵、魏“灭晋侯，而三分其地”。

鄂君启金节所铸铭文，规定了舟船的数目：以3艘船为一批，每年以50批，即150艘为限。还具体划定了通航路线：自武昌（今鄂州）出发经长江中游、汉水、湘、资、沅、澧和赣江，可走遍楚国各地。铭文有：“见其金节则毋政，毋舍桴饮，不见其金节则政。”郭沫若考释为“言见其金节则不征税收，并要加以优待，不要给予不好的食物。没有通行证，那就要征税，当然更不会受优待了”。在楚国类似鄂君启这样具有水上运输特权的封君还有不少，鄂君启只是其中的一个例子。

从鄂君启金节这一文物，人们可以了解到战国时期的楚国如何“得水独厚”，船舶及水运业空前活跃。

◉ 中国船舶的风帆出现在战国时代

风帆，是推动船舶前进的推进工具。帆与桨、篙和橹一样，都可被统称为船舶推进器。所不同的是，风帆以自然风为动力，不受人力资源的局限，使船舶的航速、航区大为扩展，为船舶的大型化和远洋航行开辟了广阔的前景，风帆的出现是船舶发展史上的重要的里程碑。

若论帆出现的年代，埃及比中国早得多。古埃及新石器时代晚期的陶

「古埃及花瓶所描绘的方帆船(公元前 3100 年)」

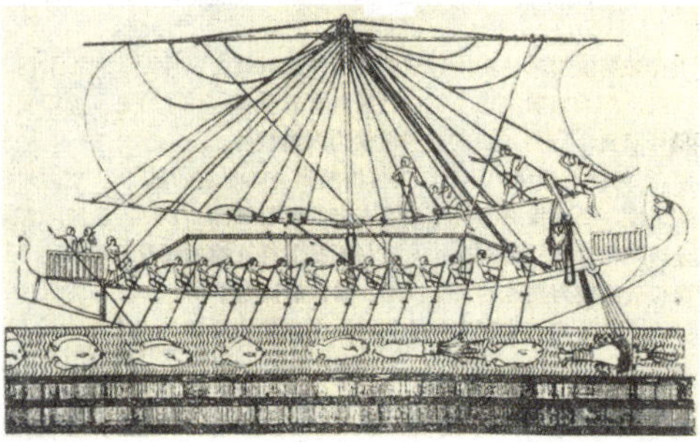
「埃及某女王远征用的帆船(公元前 1500 年)」

质花瓶所描绘的方帆船，其年代可推溯到公元前3100年。该船首尾两端高高地翘起，在近端处竖一桅并挂一方帆。在公元前1500年，埃及某女王曾用帆船去远征，根据阿里—巴哈里的寺院里的浮雕可看出该帆船的图形。该船长约 30米，除每舷有15名桨手划桨之外，还竖一桅挂一方帆。由这些文物，可确信尼罗河流域人们很早就已经开始使用帆船。

中国船舶风帆出现的年代，迄今虽尚无定论，但据近年的研究和一些考古发现，逐渐趋于明朗。

殷商时代出现风帆说 在中国曾流行在殷商时代就曾出现了风帆的学术见解，那就是认为甲骨文中的“凡”字即为帆。上海交大教授杨槱在《中国造船发展简史》中写道：“在甲骨文中还有‘凡’字很像船的帆，因此商代的人可能已在船上装帆利用风力来行船。”房仲甫在《扬帆美洲三千年——殷人跨越太平洋初探》（《人民日报》1981.12.5）中，从文化传播的角度和有关文物例证出发，探讨商代即有人夺海逃亡，终于到达了美洲。《中国航海史》（古代部分）也以甲骨文中的“凡”字释为“帆”，该书将刘鹗的《铁云藏龟》二三七上片的卜辞“戊戌卜，方其凡”，释义为“戊戌日占卜，船上必须挂帆”。

中国在殷商时代出现风帆的论据主要有两个：一是将甲骨文中的“凡”字释为“帆”，二是从文化传播的角度出发，认为只有帆的出现和使用，才能使船舶作长途航行。这一学术观点在年代上大致较尼罗河流域晚1500年。

在中国的学术界，也有人对殷商时代即出现风帆的论点持有异议，其中武汉水运工程学院文尚光的《中国风帆出现的时代》一文值得注意。首先，作者从《甲骨文编》《古文字类编》中查出清末以来几十年中发现的甲骨文中的“凡”字共28种体形和周代的金文及秦代的篆文中的“凡”字，认为这些字都不具有“帆”的形象，甚至完全不像“日、月、水、舟”等字那样能表现出实物形象的某种特征。其次，从甲骨卜、辞中“凡”字的释义来看，“凡”字有凡、般、盘、风、犯等5种释义，另外用作字的偏旁时与“舟”字、“皿”字相同。在《诗》《书》《易》《礼》《春秋》……等13部儒家经典中，有“凡”字的句子共856句，也没有一句可将其中的“凡”字释为“帆”。由此得出结论是：“甲骨文的‘凡’字并不能释为‘帆’字，所以，不能以之作为3000多年前的殷商时代就已有风帆的证据。”据文尚光研究，“不但在先秦诸子百家的著作中没有关于风帆或桅樯的记载，甚至在西汉的典籍中也是如此”。与汉武帝同时代的历史学家司马迁，其足迹遍历黄河上下、大江南北，然而在其所著《史记》中，未见有孤桅片帆。

汉代出现风帆说　暨南大学朱杰勤教授在《中国古代海船杂考》中提出：“大致在公元前后，中国航海船舶已知使用风帆行驶在大海上。”中科院自然科学史研究所的著作《中国科学技术史稿》持与之相近似的见解：据东汉的著作《释名》：“随风张幔同帆，帆，泛也，使舟疾泛泛然也”，“这说明东汉已经使用了布帆，它是利用风力解决船舶动力问题的重大发明”。

在我国的历史文献中，有关风帆的记载以东汉马融（公元79—166年）的《广成颂》为最早。在汉安帝永初二年（公元115年），针对俗儒世士以为“文德可兴，武功宜废”的言论，马融上书以谏。在讲到将战舰艅艎组成水军的船队时，有对风帆的生动描述：“然后方艅艎，连拱舟，张云帆，施霓帱，靡飔风，陵迅流，发棹歌，从水讴，淫鱼出：蓍蔡浮，湘灵下，汉女游。”

马融在《广成颂》中明白无误地记载着船帆，因之可断定，至迟到公元1世纪中国已出现风帆了。

不过，如此精美的彩绸帆，当然不会是最原始的，帆出现的上限年代还值得深入研究。

战国时代出现风帆说的成立 浙江社科院历史所林华东在《中国风帆探源》中，也不赞成风帆始于殷商的观点，文中指出“倘殷商已有风帆，那么，历经西周至春秋当有发展，为何典籍和文物中均未见踪影，盖不足信矣”。基于对战国时代有关海上航行的文献的分析和对战国时期的两件文物的考证，林华东认为“中国船上的风帆，在战国时代已经在吴、越，或者楚和齐等地开始出现。当然，这是原始的风帆，并不普遍，它可能是顺风便张帆，而逆风即划桨的小型而又简陋的帆船。”

林华东在《中国风帆探源》中引用两件战国时代的文物，提出了“中国船上的风帆始于战国时代”的论点，值得人们注意与重视。其一，1976年在浙江鄞县甲村石秃山曾出土一件战国时期的青铜钺，正面高 9.8 厘米，刃宽 12 厘米，銎厚 2 厘米。其正面镌印有一幅珍贵的图案：下方以边框线示舟船，船上有 4 个泛舟者头上有羽冠图案。许多研究家认为此“羽冠”与许多铜鼓上那种紧戴在划舟人头上的羽冠不同，若为旗帜之类，又与水陆攻战纹铜鉴战船上的旗帜有异。林华东认为“或许这正是一种原始的风帆”。其二，就是在湖南出土的战国时代越族铜器镦于，在其顶盘上刻有船纹。其中一种船纹在中部立有一扇状图形很像风帆。也有的船纹在船首尾有桨，中部的图形也似为风帆之属。

「战国青铜钺拓片摹本」

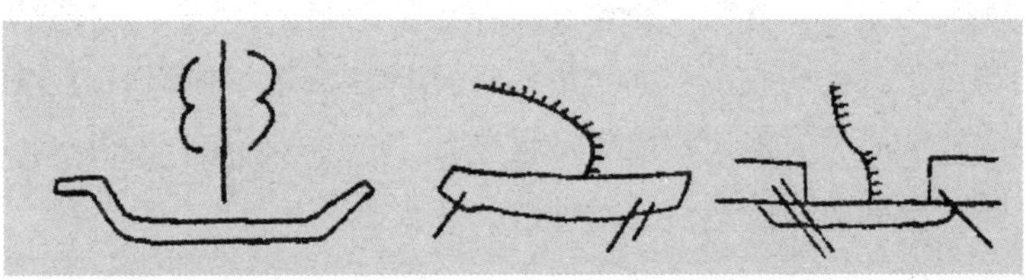

「镦于顶盘刻划的船纹图案」

综合各研究家的学术见解，由于甲骨文中的“凡”字不能释为“帆”，所以不能说在殷商时代就已有风帆。但是，如果说东汉时期才出现“帆”字，就认定风帆只在东汉以后才出现，也未免失之偏颇。许多技术有一个演变过程。从战国时期我国沿海船舶交通较为繁盛的事实出发，再联系到这一时期积极开发远海交通的诸多事例，结合战国时期铜钺和铜镦于上曾出现带有风帆图案的船纹，林华东认为中国船上的风帆始于战国时代。

据诸多学者考证，从文献和文物两方面求索，在战国时期，风帆已出现，为船舶大型化，提高航速与扩大航区提供了技术保证，且为进一步发展奠定了技术基础。

秦汉至隋唐舟船发展迅速

◉ 秦代建灵渠沟通长江与珠江

秦始皇统一全国后，进行了一系列改革，对于发展陆路及水路交通尤为重视。为了便于调发士卒和转运粮饷，在第二年就开始筑驰道，“东穷燕齐，南极吴楚”，驰道“以咸阳为中心，东至今浙江、江苏、山东、河北，南至今湖北、湖南，西至今甘肃东部，北至今河北和山西北部。驰道宽广五十步，每隔三丈，植树一株，用铁椎夯打路基，使驰道平坦坚实”。

《资治通鉴》卷七载，秦始皇在三十三年（公元前 214 年），“发诸尝逋亡人、赘婿、贾人为兵，略取南越陆梁地，置桂林（今广西桂平）、南海（今广东省）象郡（今广西崇左）；以谪徙民五十万人戍五岭，与越杂处。”在进军中，为了转运粮饷，令史禄通运粮水道，史禄在今广西兴安县境内，修 33 千米水渠，联通长江水系的湘江和珠江水系的漓江。此项水利工程是在湘江上游筑石堤，堤形像犁头，分湘江为南北两渠，南渠注漓江，北渠汇湘江。北渠占水量 7/10，南渠占水量 3/10。南渠所经都是高地，匠师采取了两种得力的技术措施：一种是选择迂回路线，增加渠道长度，降低了河床的比降；再一种是在比降大的处所建置若干个斗门，即今日船闸的先导。当船舶由低水位上溯高水位时，先将船舶后方的斗门关闭，打开船舶前方的斗门，待两个斗门间的水位相平时，船舶即可驶入前方斗门的水域。如此周而复始，船舶即可由低水位处“爬”向高水位处。满载粮饷的船舶自湘江上溯，通过北渠，进入南渠，逐“斗”提升，即可安然过山，这是秦代开发岭南的重要航路。

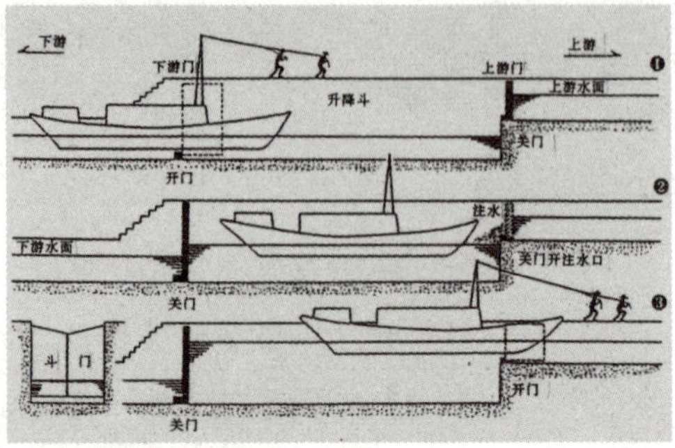

「秦代灵渠的过闸示意图」

“二千年前有这种灵巧的工程，号称灵渠，确是名实相符。”秦、汉以后，中原地区与岭南的交通，也多取此航路。

◉ 从文物和文献看汉代的船舶技术

新中国成立初期，在长沙出土一只西汉时期的木船模型，船身是由整木雕成，船形细长，船底呈圆弧形。在船首、船尾上又各接出一段长方形平板，总长 1.54 米。在船身两侧和首尾平板上都有模拟的钉孔。两侧有较高的护舷板，左右共 16 只桨，为内河快速船型。尾有桨 1 只，可用来操纵航向。该模型现存中国国家博物馆。

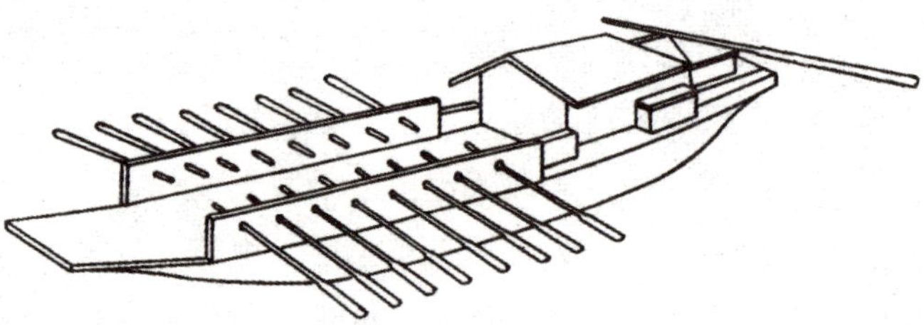
「长沙西汉木船模型」

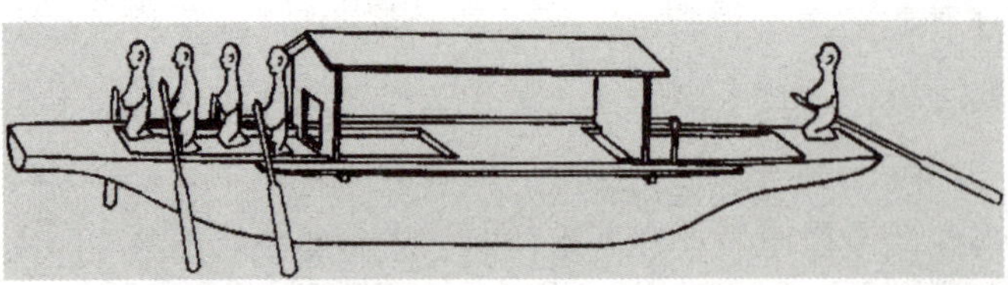
「湖北江陵西汉木船模型」

1973 年于湖北荆州地区江陵县凤凰山西汉墓中也出土一只木质船模，系用一段整木雕成，全长 71 厘米，宽 10.5 厘米。船型细长，尾部略宽，首部呈流线型上翘。甲板上置两横梁并伸出舷外，作舷边通道板之支承。前部有 4 木俑各持1桨，尾部有后梢 1 支。该船模现陈列在湖北省荆州博物馆。

直到今天，学术界对两艘船模的用途看法不尽一致，但是从这两艘船模的对比分析中，我们还是能看到汉代船舶的一些基本特征。

第一，船舶设有甲板和上层建筑，这是两艘汉代船模的共同特点。东汉人刘熙著有《释名》，其中《释船》篇记有："其上板曰覆，言所覆虑也；其上屋曰庐，象庐舍也"，现在获得了实物证据。

第二，在湖北江陵船模上，两舷都设有"瞰板"，可用作撑篙船员的通道。在长沙西汉木船模中虽未见"瞰板"，但据当时发掘报告，尚有 93 号、94 号两块大小相同的长木板，不知应安装在何处？如果借鉴湖北江陵模型，这两块长木板也应是"瞰板"。其作用除通道和撑篙使用之外，还可在下面绑缚成捆的竹或木，当船舶超载时可提供一部分浮力，当船舶横向倾斜时可增加稳定性并能减缓摇摆。

第三，上述两个木船模，在船首、船尾都有向外延伸的部分，这被称为"前出艄"和"后出艄"。它们与瞰板一起，可以在不改变船舶尺寸的条件下，增加船长和船宽，扩大甲板的装载面积和操作面积。

第四，在长沙西汉木船模型的舷侧板以及其他若干部件之间的连接部位上，都可见到模拟的钉孔。我们曾发现战国时期是应用铁箍联拼船的，到汉代造船时已广泛使用铁钉。

借助汉代著作《释名》中的《释船》篇，我们可对汉代的船舶属具有较全面的认识。

（1）桨、篙、纤。桨是最原始的船舶推进工具，其产生当在舟的产生之后。

巴西的船史著作认为"最早的桨是人的两只手。"

桨正是手的延伸。我国早期对桨作详细论述的著作，首推《释名》中的《释船》篇，它对桨的定义和解释是："在旁拨水曰櫂。

櫂，濯也，濯于水中也，且言使舟櫂进也。又谓之札，形似札也。又谓之楫。楫，捷也，拨水使舟捷疾也。”

「云南晋宁西汉早期铜鼓上的船纹」

1955 年，在云南晋宁石寨山的古遗址和墓葬中，曾出土战国末期到西汉前期的铜鼓2种，铜鼓上有竞渡船纹，其持短桨的划桨姿势与现今龙舟竞渡基本一致。

篙，由长竹竿或长木杆构成。为避免篙头被磨损或破裂，常在篙的下端安装铁箍，有的同时装铁尖和铁钩。一艘船通常是由两个人分持两支篙轮流撑。一个人将篙撑在水底或岸边，并且由船首走向船尾，使船前进。另一人则持空篙由船尾返回到船首。如此反复撑船，则船将持续前进。在《释船》篇中所说的“交”即篙。“所用斥（撑）旁岸曰交（篙）。一人前，一人还，相交错也。”

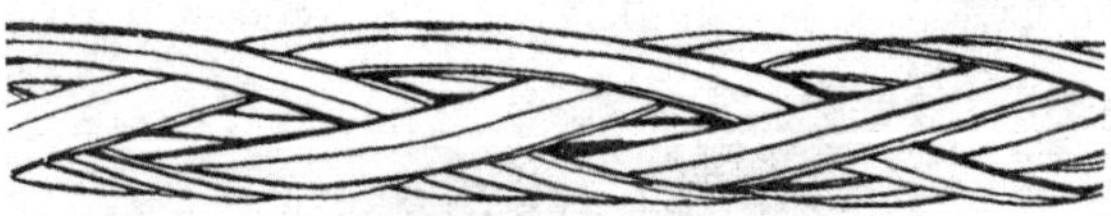

「竹蔑编制的纤索图」

纤，是用来牵引舟船前进的索具，也称纤索。通常是用竹篾编成，既有较大的强度，又不怕湿，还耐腐蚀。汉代将纤索也称为“筰”。筰字带有竹字头，说明这时的纤索是用竹蔑编制的。

北宋时的《清明上河图》绘有多人拉纤和纤索系于桅顶的情景。

（2）橹。橹是船舶推进工具中一件带有突破性的重大发明。《释名》说：“在旁曰橹。橹，膂也。用膂力然后舟行也。”在旁，指橹的安装与操作位置。膂作脊梁骨解，用膂力则意味着以腰部为主并带动全身的力气以推动舟船前进。用桨时要“划”，用橹时却要“摇”。《三国志》卷五四记吕蒙取南郡败关羽事。“蒙至寻阳，尽伏其精兵舺艫中，使白衣摇橹，作商贾人服。……”这个“摇”字，是对橹的特点的集中概括。

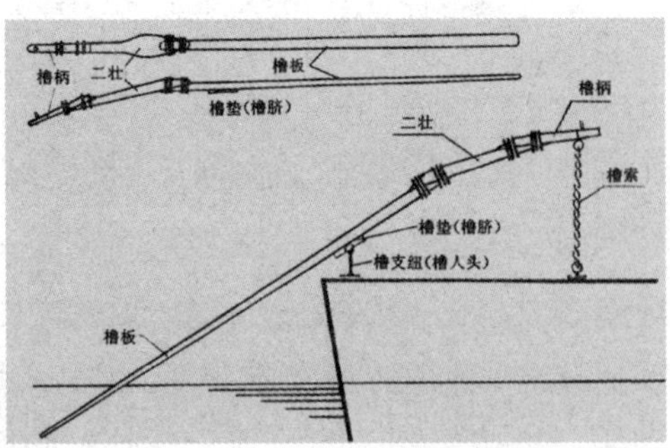

「橹的构造与布置」

橹是由橹板、橹柄以及将

二者连接起来的“二壮”所构成。在操橹甲板上，装设一橹支纽作为支点，这是一个带球顶的铁钉，俗称橹人头。在橹的中间部位钉一硬木块叫橹垫，也叫橹脐，使用时将橹脐置于橹支纽上，这就构成一个球面运动副：橹相对于支点橹支纽具有三向约束，但却对三轴具有三个旋转自由度。橹柄的顶端以橹索系在甲板上的铁环上。橹索，一是起固定橹的作用，二是可以伸缩其长度来调节橹板的入水深度。

摇橹时，橹以橹支纽为支点可以充分转动，既可以调整橹板滑水时的攻角，节省体力并获得较大推船力，也可以调节橹与船舶中线面的角度，从而操纵和控制船舶的航向。

用橹产生的推进力，如果从流体力学的角度分析的话，是水对滑动的橹板的升力，并非水的反作用力。它的发明是中国对世界造船技术的重大贡献之一。由于橹在水中以较小的攻角滑动时，阻力小而升力大，再加上橹是连续性推进工具，而且有操纵船舶回转的功能，因此它的工作效率比传统的桨更高一些，一直到现在仍为科技史学者所称道。现代广为应用的螺旋桨推进器，它的不间歇作旋转运动的叶片，实际上与橹板相似。

（3）舵与梢。都是操纵和控制航向的属具。负责操纵的桨手常位于船的尾端，这样既与推进桨手不相干扰，又有利于改变船的航向。湖南长沙和湖北江陵两艘汉代木船模型，在船尾都设有一桨手，其作用就是控制舟船的航行方向。这种设于尾部的桨通常称为操纵桨。

操纵桨在长期的应用中不断演化、改进，如增加桨叶的面积以便于控制船的方向，逐渐产生了舵，增加桨柄长度，逐渐形成了梢（或曰招）。

《释名》一书对舵的解释是：“甚尾曰柁。柁，拖也。在后见拖曳也。且言弼正船使顺流不使他戾也。”

柁即舵，书中明确说明舵的位置在船尾，用途是扶（弼）正船的航

「广州东郊东汉墓出土的陶船模型带有船尾舵」

向。至于舵的形状与构造，《释名》里没有进一步的说明。不过，从汉代的文物——广州东汉陶船模型，大概可知道舵的构造及其使用了。将汉代的文物和汉代的书籍两相对照，我们可以断定舵是产生于汉代及其以前。

舵位于船尾，也称船尾舵。广州东汉陶船模型，距今已近2000年，在其尾部正中位置上已经有了舵。这个舵已比操纵桨有很大的演进和发展，它比桨叶的面积宽展了许多，有了较大的舵面积，舵面积系数（即舵面积与船长和吃水乘积之比）约为9%。若仔细观察陶船模，还会发现，这个舵还不是沿着竖直的舵杆轴线转动，仍残留着以桨代舵的痕迹，我们称之为拖舵。即使是这样，这个舵也已不再是桨了。它是舵的祖式，也是世界上最早的舵。在西方的一些船舶发展史著作里，认定最早的舵出现在公元1242年，其最有力的凭证是德国埃尔滨城的徽记中有“Cog”型船，而该船的尾部有一个很窄的舵。

「德国埃尔滨城的徽记(1242年)」

「唐代郑虔所绘山水画」

公元1242年，在我国是南宋淳祐二年。我国不仅普遍使用了舵，而且已经采用了具有现代意义的平衡舵。这种普遍采用的平稳舵的形象在《清明上河图》中被流传至今，在天津静海出土的北宋运粮船还带有的平衡舵实物，它的诞生远早于公元1242年。

船尾舵到何时才演变到沿垂直轴线转动，迄今尚无确凿考证。不过唐开元年间曾任广文馆博士的郑虔所绘山水画中已出现具有垂直轴线的舵。这就说明至少在唐代以前，舵的轴线已经垂直化了。

（4）桅、帆与驶风技术。《释名》记有：“前立柱曰桅。桅，巍也。巍巍高貌也。”这里虽然未对桅的作用和用途加以诠释，但与战国战船的型制相对照，主要也是用作悬挂旗帜。自风帆应用到船上之后，桅的一个重要作用是张帆。

中国风帆的出现和使用，虽然较国外为晚，但因有船尾舵与之相配合，所以最晚从汉代起，中国就有相当成熟的驶风技术，从而使中国的帆船能够跨越海洋，领先于全世界。

用植物叶编织而成的硬帆，最大的优点是可以利用侧风。自然界里“风有八面”，除正逆风之外，硬帆皆可利用。由侧向吹往硬帆的风，按空气动力学原理，可获得较大的升力但阻力却很小，即硬帆还有较高的帆效。

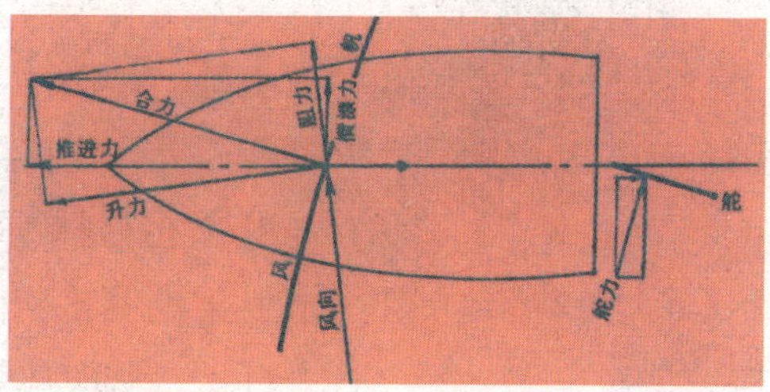

「帆及舵受力示意图」

侧向风在产生对船的推进力的同时，还产生横漂力，将使船横移。由于此横漂力在船舶重心之前，将使船向右旋转。为保持既定的航向，应将舵向左转一定角度，抵消风帆的横漂力，则可以保持既定的航向。随着风力大小和方向的变化，经常地改变帆角和舵角是十分重要的。“看风使舵”这一在中国家喻户晓的航海术语，便透露了舵必须与风帆相配合的信息。

（5）碇。舟船作为水上运载工具，要有行有止。行靠篙、纤、桨、橹，或者利用自然界的风力；止要靠各种系泊工具。现代系泊主要靠锚，古代就是碇。

用绳索将一块未经加工但便于捆扎的石头绑扎起来投入水底，利用石块的重量拖住船身，这是简而易行的方法。也可以用网兜装上石块投入水底以系船。随着使用经验的丰富，可以将石块雕凿成为易于绑扎的形状，或者将石头凿孔穿系长绳。古籍上停航用“下碇”两字，开航则为“启碇”，便源于此。

在我国浙江余姚河姆渡遗址中，曾发现新石器时代晚期的石碇，是用一块直径50厘米的圆石，装在专门编织的网兜内。这可以说是我国发现最早的锚。

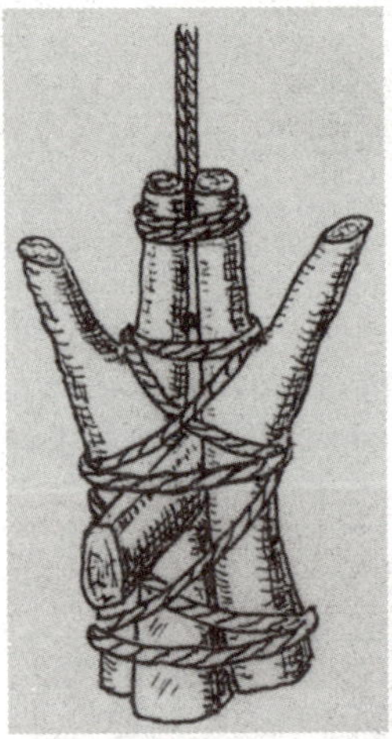

「东汉陶船木石结合碇的复原图」

碇石的构造，到了汉代有了长足的进步。在广州东汉陶船模型的图中可以看到船首悬挂有碇。仔细观察此碇的构造就可以发现有两个爪，在垂直于两爪构成的平面又有一横杆。知道利用爪的抓力泊船较单用碇石重量泊船效率更高，说明我国的泊船技术已进了一步。

东汉末年，曹操挟天子以征四方，遂步统一了北方。汉建安十三年（公元208年）七月，曹操统兵20余万，南下争雄。孙权、刘备面对压境大军，组成5万兵力的联军，溯江而上，驻扎在赤壁（今湖北赤壁市西北，长江南岸），与驻扎在乌林（长江北岸）的曹军隔江对峙。孙军统帅周瑜，采纳其部将黄盖所献火攻之计，利用斗舰十艘，大获全胜。三国时代赤壁水战的斗舰，久负盛名。其实，斗舰是东汉时出现的一种新型战舰，对它的记述首次见于《三国志·吴书·周瑜传》。

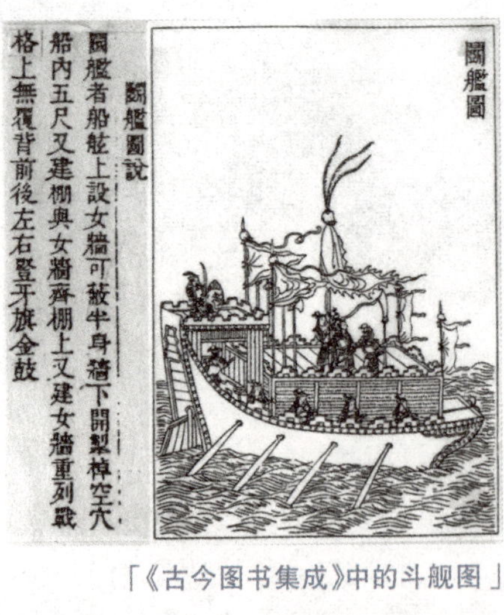

「《古今图书集成》中的斗舰图」

1987年，应北京中国人民革命军事博物馆之邀，我们曾完成对赤壁之战斗舰的复原研究并制成斗舰模型。受当时的认识水平所限，我们将该斗舰的尾舵复原设计成轴舵，这是不正确的。汉代发明的尾

「斗舰模型的照片」

舵有如广州东汉陶船模型所表现的舵那样，被称为拖舵。此种拖舵一直沿用到唐代，笔者在参与淮北柳孜隋唐大运河遗址一批唐船的考古发掘与研究中还有发现。

在本世纪初，应邀为澳门海事博物馆对斗舰做复原研究时，我们作了两项改动：一是以拖舵取代了垂直转轴舵；二是将斗舰的上层建筑削减了一层。图中所示的斗舰模型，是澳门海事博物馆的技师用一年多的时间完成的，造型合理，制作精致。大制作电影《赤壁》的美术师叶锦添先生也曾来校访求并索取斗舰的相关图片，以作为制作斗舰和赤壁水战场景的参考和依据。

◉ 隋代的五牙舰与下江南的龙舟船队

隋文帝杨坚，在统一全国的战争中，为了讨伐江南的陈叔宝（后主），汲取了晋代于益州大造船舰伐吴的历史经验，命行军元帅杨素于永安（今重庆奉节）大造船舰，训练水师。

隋开皇八年（公元 588 年），杨素统帅由五牙舰为主力的，包括黄龙、平乘、舴艋等各型战船组成的庞大舰队，在长江上与陈朝的守军展开激战，三战皆捷。

《隋书·杨素传》记有：“素居永安，造大舰，名曰五牙。上起楼五层，高百余尺，左右前后置六拍竿，并高五十尺，容战士八百人，旗帜加于上。次曰黄龙，置兵百人。自余平乘、舴艋等各有差。及大举伐陈，以素为行军元帅，引舟师趋三峡。”

《四库全书》载有五牙舰的图样，该图能给人启示的是该船起楼五

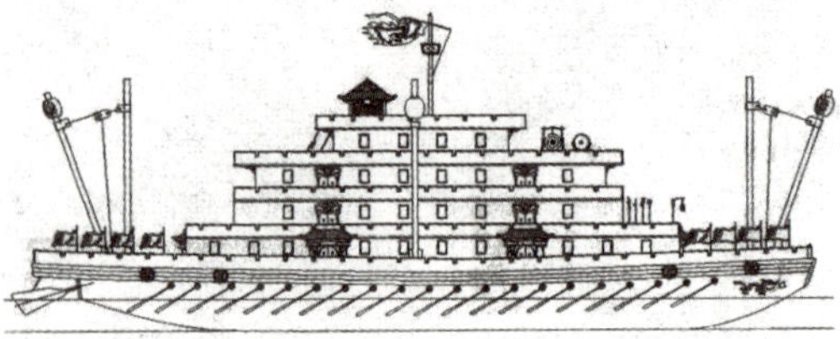

「五牙舰图」

层。从船舶的稳定性及其他航行性能审视颇可商榷。我国古籍中的船舶图样，往往与实际相差甚远，五牙舰图也是这样。

笔者的学术团队在1988年曾为北京中国人民革命军事博物馆作五牙舰的复原研究，绘有总布置图并制出五牙舰模型。在2002年又作修改，将船尾舵改成现在的拖舵。

以北周及隋尺合0.7353市尺计，每尺合24.51厘米。“高百余尺”则高达24.5米以上，可见并非楼高，故取通高为25米，即在第五层楼的甲板上再竖旗杆，其旗杆顶端高度达25米。采用多方案比较法，确定五牙舰的主要尺度如下：舰长54.6米，水线长50.0米，甲板宽16.0米，型宽15.0米，型深4.0米，吃水2.2米。

「五牙舰模型(展出在嘉兴船文化博物馆)」

经复原研究的五牙舰模型，已正式展出于北京军博古近代战争馆。经修改制作后的五牙舰模型现展于浙江嘉兴船文化博物馆。

隋代兴建人工运河始于文帝杨坚，成于炀帝杨广。隋代结束了延续300多年的国内分裂局面，为有效地控制江南割据势力，巩固统一，开凿运河加强水陆交通，是势所必行的措施。隋代兴人工运河，是中国历史发展的必然。

隋代开凿的运河有：广济渠、通济渠、邗沟（山阳渎）和江南运河。

对运河的开发，隋炀帝做出了不可磨灭的贡献。但他急功近利，超越了人民的承受能力，又破坏了人民的乐业安居。唐代诗人皮日休有怀古诗七言绝句一首。

《汴河怀古》

尽道隋亡为此河，
至今千里赖通波。
若无水殿龙舟事，
共禹论功不较多。

此诗既指出其不计人民生死之过，又肯定了他开发运河的功绩可与大禹相比美。实为罪在一时，功及后世。

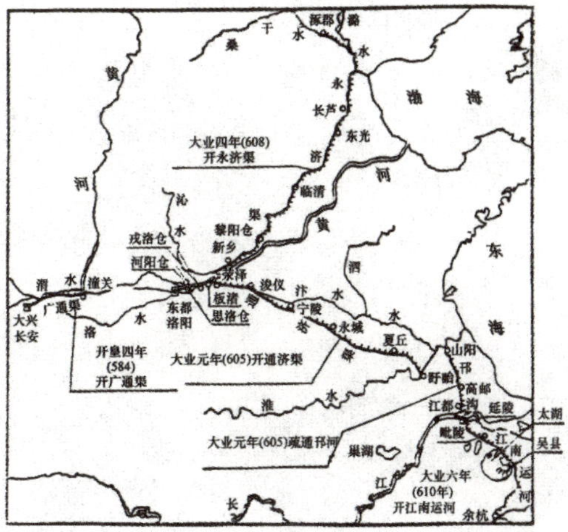

「隋代开大运河示意图」

隋炀帝三次巡游江都的龙舟船队是隋代造船能力和船舶制式的大检阅。

「龙舟模型（陈展于嘉兴船文化博物馆）」

孟元老在《东京梦华录》中对龙舟特别写明："底上密排铸铁大银样如桌面大者，压重庶不欹倒也。"这说明当时人们对压重的必要性是重视的，其解决稳性问题的办法的是科学的。

隋代龙舟长 20 丈，到了宋代如《东京梦华录》所载就增加到三四十丈。对这一尺度人们或有疑窦。但从孟元老所记以桌面大小的铸铁作压重而且"密排"，说明压重量较大。这又从侧面反映出龙舟之大。如果完全是虚夸不实之辞，当时或并不深谙船舶原理的孟元老，恐怕也难以"编造"出"底上密排铸铁"这样有分量的词句的。

◉ 唐代出土古船显示当时造船技术

唐代内河航运，以汴渠（通济渠）和长江干支流为主航道。由蜀中沿江而下到扬州，或由交州、广州经湘江、赣水进长江达扬州，再经汴渠进入黄河，入渭河至长安。甚至经永济渠还可到达清河（河北）和幽州。以扬州为中心，形成了通江达海的全国水运网。

在内河航运较为发达的唐代，在黄河有“上门填阙船”，在黄河与长江之间有适宜于汴水的“歇艎支江船”，航行于长江的则有大型船舶俞大娘船。

唐代诗人张籍写有《相和歌辞·贾客乐》：“金陵向西贾客多，船中生长乐风波。欲发移船近江口，船头祭神各浇酒。停杯共说远行期，入蜀经蛮远别离。……年年逐利西复东，姓名不在县籍中。农夫税多长辛苦，弃业长为贩卖翁。”诗人生动地描绘了船舶运输在长江上下游之间的繁荣景象。

李白有名句：“朝辞白帝彩云间，千里江陵一日还，两岸猿声啼不住，轻舟已过万重山。”还有：“故人西辞黄鹤楼，烟花三月下扬州。孤帆远影碧空尽，惟见长江天际流。”

（1）**江苏如皋唐船** 1973年6月，在江苏如皋县发现一只古代木船。该木船的平面和纵断面图如图所示。船舷木板厚40~70毫米，船底木板厚80~100毫米，自首及尾共分为9个舱，在第2舱后舱壁处尚存一段残桅，残长1米，尚存有一块带桅孔的盖板。显然这是一艘单桅运输船。据估算，该船排水量为33~35吨，载重量可达20~25吨。

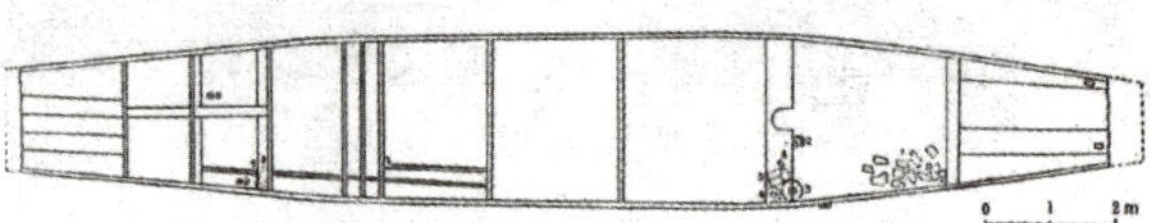

「江苏如皋发现的唐代木船」

从江苏如皋唐代木船，可以看到中国传统造船技术的先进性。

第一，船舶设水密舱壁分成9个船舱。其优点是：首先，若因触底或碰撞即使某舱有破洞而淹水，也将不致波及到邻舱，从而可保证全船的安全；其次，由众多舱壁支撑的船底、船舷和甲板，使全船具有整体刚性，有利于船舶的总体强度。

船舶的水密舱壁是中国的一项创造。其首创者为晋代的起义军领袖之一的卢循。

晋代安帝的《义熙起居注》记有“卢循新造八槽舰九枚”。《宋书·武帝纪》也记有：“（卢）循即日发巴陵（今岳阳一带），与（徐）道覆连旗而下，别有八槽舰九枚，起四层，高十二丈。”时为晋义熙六年（公元 410 年）五月。江苏如皋唐代木船所见的舱壁，则是迄今所能见到的（造于公元 649 年）最早的实物证据。

第二，除船底部是用整木榫接外，两舷和舱壁板以及舱面盖板均用铁钉钉成。

第三，江苏如皋唐代木船使用了捻缝技术：“船舱及底部均以铁钉钉成人字缝，其中填石灰、桐油，严密坚固。将石灰和桐油调和，能促进桐油的聚合而干结，并能生成桐油酸钙，有很好的填充、隔水作用。将麻丝或麻制旧品（如旧渔网）经人工复捣，掺在桐油、石灰捻料中有充填、增加附着性、防止开裂和提高团块的机械强度等重大作用，迄今仍是木船捻缝时所必需的充填材料精品。

（2）**扬州施桥唐船** 1960 年 3 月，在江苏扬州施桥镇挖河工程中，发现扬州施桥古船。

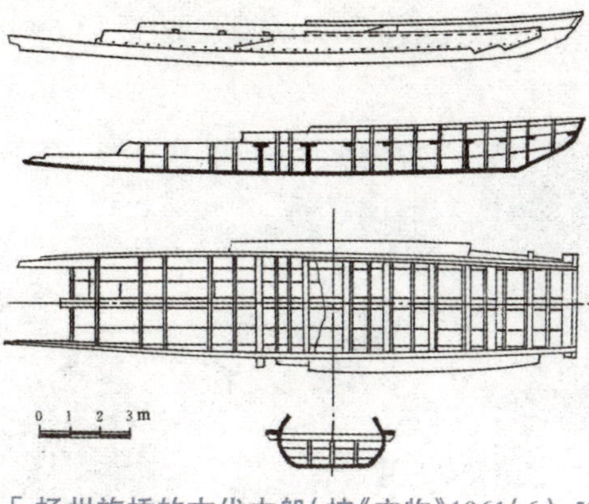

「扬州施桥的古代木船（按《文物》1961（6）：53 改绘）」

扬州施桥古船的结构坚实，制作精细，木板之间都以油灰填缝。

木料上有节疤和裂痕处，则用小木块补塞。该船舱深只有 1.3 米，其吃水当在瞰板（舷伸甲板）之下，只约 1.0 米。从其吃水之浅判断，这既不是海船也不是长江干线船。按《新唐书·食货志》所记的“江船不入汴，汴船不入河，河船不入渭”的规律，这当是汴河即运河的船。

在低矮的舱壁和一系列横梁之上铺以木板，然后在木铺板上载货。此种船的特点是：船体肥阔，底平舱浅，正与当今的“半舱驳”相类似，适于在长江与黄河之间的运河上运输粮食和盐巴。以其吃水浅和底平舱浅的特点看，这或正是《新唐书·食货志》上提到的“歇艎支江船”。其排水量约为 60.48 吨。其净载重量足可达到 45 吨之数，相当于千斛。

（3）**柳孜运河一号唐船及其拖舵** 1999 年 5 月至 11 月在安徽淮北市濉溪县的柳孜，配合宿州至（河南）永城公路改建工程进行的考古发掘中，发现一批唐代沉船及全国各地 20 余座窑口的大量瓷器等文化遗物，曾被评为 1999 年全国十大考古新发现之一。这一重大发现使人们认识到大运河在唐代水运上的重大价值。

柳孜运河一号沉船复原后的船长 18.97 米，总宽 2.58 米，船深 1.10 米。船的满载排水量 13.69 吨，载重量可 8~10 吨。

「柳孜运河的一号唐船」

船上发现了一具完整的舵，舵杆长 2.1 米，舵杆直径 110 毫米。舵叶长 2.15 米，舵叶端部最大宽度为 1.26 米。它比 1978 年在天津静海发现的北宋河船所带有的舵更为古老。此舵的形式与现代的舵不同，并不具有垂直的转轴，有很大的舵面积拖在船尾，故也称拖舵。这与在广州东郊东汉墓出土的陶船模型所带的舵基本相似。

「一号唐船的拖舵」

拖舵的构造是：在船的尾封板上有一圆孔，舵杆由此圆孔插入船内并担在一个空梁上。空梁上有 4 个限位桩：1、2、3 和 4。舵杆放在 2 号和 3 号桩之间，成正舵。舵杆如果放在 1 号和 2 号桩之间则成右舵。同理，如果放在 3 和 4 号桩之间则成左舵。

如前所述，舵是汉代的一项发明，东汉陶船模型上的舵当是最早的文物见证。现在见到的唐代运河船上的舵，仍是拖舵，可见拖舵使用年限之久远。究竟什么年代开始出现具有垂直转轴的舵，目前尚不十分肯定。由于在唐代一幅名画中的船上见到有垂直转轴的舵，基本上可以确定在唐代。因此，我们可以认为在唐代这两种形式的舵可能同时存在。

宋元时期的造船技术成就

◉《清明上河图》与北宋汴河的客船与货船

北宋徽宗时期的宫廷画师张择端所绘《清明上河图》，约成画于政和、宣和年间，即公元 1111—1125 年。

这是一幅描绘北宋都城汴梁社会经济生活的宏伟画卷。在长达 5.25 米的长卷里，画家以生动完美的技巧，如实地表现了从宁静的春郊到汴河上下的众多景物，斜跨大河的虹桥，巍峨的城楼和繁华的街市。河上大船浮动，街上车水马龙。著名画家张安治认为："它的伟大价值不仅表现在画面人物众多，景象的宏伟丰富以及表现技巧的生动完美，更值得注意的是它所反映的社会内容，在美术史上具有鲜明的先进性和突出的重要意义！""即使从世界

「张择端《清明上河图》(局部)中的船舶」

美术史看，在12世纪初期，就能够以这样的规模反映社会经济活动和都市面貌的绘画作品也极其少见。”

在《清明上河图》长卷中画有各种视角的船舶24艘，其中客船11艘，货船13艘。客船在构造、形态上与货船的重大区别反映了北宋时汴河上下经济生活的繁荣和当时造船业的进展，十分难能可贵。

《清明上河图》所表现的汴河船，具有时代的先进性。

「汴河船图(临摹自《清明上河图》)」

「汴河客船模型」

「汴河货船模型」

第一，在船型上有明确的货船与客船的区别。汴河货船体态丰盈，尾甲板并不向后伸延。汴河客船，除了遍设客舱之外，在两舷设舷伸甲板供作撑篙步道之用。它们与货船的最大区别，还在于尾部向后延伸，形成虚梢。

第二，客船的两舷都有相当大的窗子，通风与采光相当充足，遇风雨气候可用木板窗将窗口关闭，这时顶棚的两列气窗既可供采光又可供通风。客舱的顶棚用篾席制成，显然是轻型的。顶棚之上，只供少数船员进行起、倒桅操作，也可存放一些轻型物件，如蓑衣、绳索之类，显然这对于船的稳定与安全是有利的。

货船的顶棚与客船不同，从成排的钉眼看，显然是用木板钉成拱棚以挡风雨，而装卸货物则通过开向两侧的货舱口。这种以拱形顶棚代替甲板的设计，对于宽度大而船深、吃水小的船来说，能多装货物而且便于装卸。

第三，从图上看来，汴河里的船未见

有用帆的，船上的人字桅显然是供逆水而上时拉纤用的。

「汴河客船模型」

第四，船舶所用的舵较以往有了进步。从图中可见，舵叶的一部分面积在舵杆（舵的转轴）之前，这说明中国远在12世纪之初就开始应用平衡舵。很明显，转动这种平衡舵较为轻便，既可减轻舵工的劳动强度，更可改善船的操纵灵活性。此外，“舵都用链条或绳索拉住并卷在船尾的横向圆辊上，可因航道的深浅而降下或升起。将舵降下可提高舵效；将舵提起可得到保护。”

第五，船头设起碇用的绞车。碇或锚应是必备的属具。在一艘客船的近尾处设有一圆形围栏，约高1.2米，这或许就是供旅客如厕的处所。

张择端的一幅《清明上河图》，把宋代汴河上的船舶体型、结构和布置特点、船用属具以及航行操驾等各方面的直观资料概括无遗。它既是美术作品的瑰宝，也是考稽中国宋代内河船的重要文物。

南宋代杨幺起义军在洞庭湖大造车轮战船

5世纪初王镇恶在晋军中应用车轮舟，此后，在5世纪末有南朝齐祖冲之，6世纪中叶有南朝梁徐世谱相继开发和实际应用车轮舟。《旧唐书·李皋传》载：李皋“常运心巧思为战舰，挟二轮蹈之，翔风鼓浪，疾若帆

「南宋时高宣等人建造的、有23个踏轮的车船（1130年）长100、宽15～20英尺（原始图）」

席，所造省而久固。”可见到8世纪时的唐代已有了一支车轮船队。

到宋朝，我国车船进入了大发展时代。宋朝水军备有桨轮战舰的最早记录是公元1130年。其时宋室南渡，江淮之间成为南北对峙的主战场，江防的重要性上升。宋朝将车船列入水军的编制并有相当的规模，这得益于当时的都料匠（即木匠、船匠）高宣。

建炎四年（公元1130年）二月，钟相、杨幺起义叛宋。不仅掳得官员程昌寓的大型车船，而且还获得了随车船作维修工作的都料匠高宣。《杨幺事迹考证》记有：“水寨得车船的样及都料手后，于是杨幺造和州载二十四车大楼船，杨钦造大德山二十四车船，夏诚造大药山船，刘衡造大钦山船，周伦造大夹山船，高癞造小德山船，刘诜造小药山船，黄佐造小钦山船，全琮造小夹山船。两月之间，水寨大小车楼船十余制样，势益雄壮。”

杨幺起义军获船匠高宣之助，大造车船，且有其名不籍的新式武器“木老鸦”，使官军屡战屡败。《建炎以来系年要录》记有：“绍兴三年（公元1133年）十月甲辰，荆潭置使王燮，率水军至鼎口，与贼遇。贼乘舟舶高数丈，以坚木二尺余，刿其两端，与矢石俱下，谓之木老鸦。官军乘湖海船，低小。用短兵接战，不利。燮为流矢及木老鸦所中，退保桥口。”

绍兴五年（公元1135年）六月，杨幺起义军终被岳飞所败。《岳飞传》记有：“（杨）幺负固不服，方浮舟湖中，以轮激水，其行如飞。旁置撞竿，官军迎之辄碎：（岳）飞伐君山（洞庭湖北岸）木为巨筏，塞诸港汊，又以腐木乱草浮上流而下，择水浅处，遣善骂者挑之，且行且骂。贼怒来追，则草木壅积，舟轮碍不行。”杨幺被擒斩。

南宋诗人陆游在其晚年所著《老学庵笔记》中，对起义军与官军间的战事、车船及其影响等均有精当的描述：“鼎澧群盗如钟相、杨幺，战船有车船、有桨船、有海鳅头。军器有拏子、有鱼叉、有木老鸦。拏子、鱼叉以竹竿为柄长二三丈，短兵所不能敌。程昌寓部曲虽蔡州人，亦习用拏子等，遂屡捷。木老鸦一名不籍。木取坚重木为之，长才三尺许，锐其两端，战船用之尤为便捷。官军乃要作灰炮，用极脆薄瓦罐，置毒药、石灰、铁蒺藜于其中。临阵以击贼船，灰飞如烟雾，贼兵不能开目。欲效官军为之则贼地无窑户不能造也，遂大败。官军战船亦效贼车船而增大，有长三十六丈广四丈一尺，高七丈二尺五寸，未及用而岳飞以步兵平贼。至完颜亮入寇，车船犹在颇有功云。”

◉ 长江抗金“采石之战”中车轮战船的巨大作用

至于抗金的长江水战，最著名的是虞允文的“采石之战”。

宋绍兴三十一年，金正隆六年（公元1161年）十一月初，40万金兵在国主海陵王完颜亮亲自统帅下，“驻军江北，遣武平总管阿邻先渡江至南岸，失利上还和州（今安徽和县东），遂进兵扬州。甲午会舟师于瓜洲渡，期以明日渡江。”驻守和州对岸采石（今安徽马鞍山市之南）的“宋军才一万八千”，守军将领王权弃军而去，接防的将领李显忠尚未到任。兵无主帅，军心涣散。到采石犒师的虞允文不避危险，力排众议，挺身而出。虞（允文）谓“坐待显忠则误国事……危及社稷，吾将安避。”虞允文代替主帅，组织宋军抗金，使采石之战告捷。

“采石之战”中，宋军的车船发挥了空前强大的威力。十一月初八，完颜亮指挥几百艘战船强渡长江，为首的70艘战船已逼近南岸，被虞允文指挥的名为“海鳅”的车船所冲撞，犁沉过半。这时恰有溃军来自光州（今河南光山县），虞允文授予旗鼓从山后转出，金兵以为援军到达，遂逃遁，江面留尸凡4000余。第二天对金兵用夹击战术，焚其舟300余，金兵乃退败扬州。虞允文预计金兵将进攻京口（今江苏镇江）继续南犯，遂又率领16000人援京口。他“命战士踏车船中流上下，三周金山，回转如飞，敌持满以待，相顾骇愕”。不久，金兵内乱，金主完颜亮“为其下所杀”。“采石之战”创以1.8万人胜40万人的辉煌战例，虞允文和车船都功不可没。

◉ 出土元代内河船的测绘与研究

2010年9月在山东菏泽市国贸中心建设工地发现一艘古代沉船。山

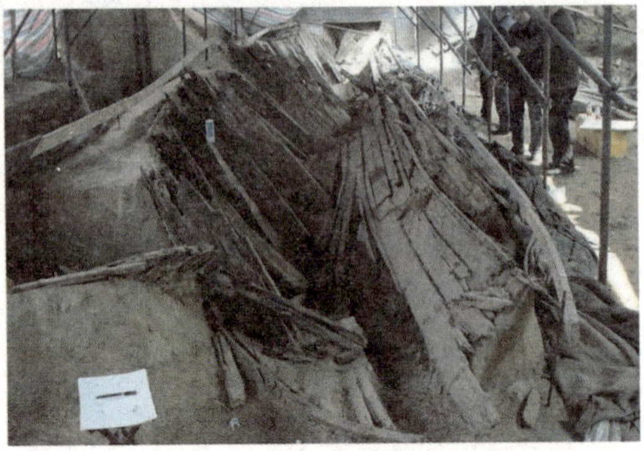

「菏泽元代内河货船发掘现场(自船尾向船首看)」

东省文物考古研究所和菏泽市文物事业管理处组成联合考古队，对沉船进行了抢救性发掘。《中国文物报》于12月3日刊发了“山东省菏泽沉船考古发掘获得重要收获”。中央电视台于12月5日播采访报道。古船出土时基本保持了船舶沉没时的姿态。

菏泽沉船为木质内河货船。船体左舷外板已荡然无存，所幸船舶底板基本保持完整。该船向右倾斜50°以上，右舷外板和舷伸甲板虽然破裂并伴有严重变形，但是其诸列板尚存。沉船残长约20米，距地面深约4米。船体共设有11个舱壁，将船舶分隔为12个舱。从沉船的现场状态分析，该船当是在左舷遭受大水混合泥沙的外力撞击下倾覆并沉没的。

根据随船出土的一批名贵元瓷等文物，考古专家初步断定沉船为元代运河与区间支流区域的货船。

笔者的学术团队应菏泽市文物事业管理处的邀约，于2011年3月对菏泽古船进行了现场测绘。菏泽古船为平底、纵流型线、虚梢尾、敞口并带有舷伸甲板的船型。

经测绘与对比发现：菏泽元船的底板和外板的列数，竟与明代沈启所著《南船纪》所

「菏泽元船舱内的元褐彩龙凤纹罐」

「菏泽元船舱内的元青花龙纹梅瓶」

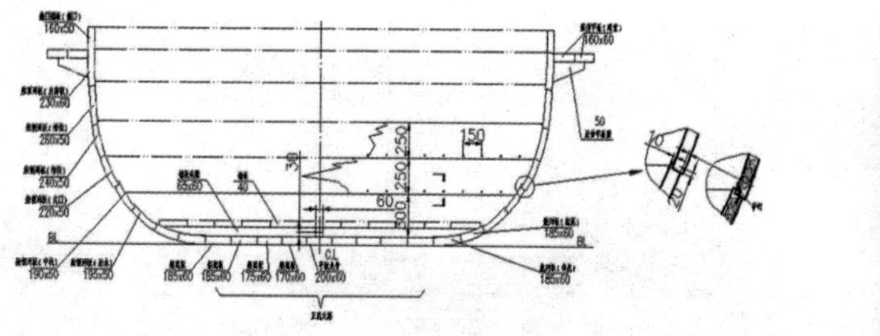

「菏泽元代古船船中横剖面图」

载“一百五十料船”完全一致。即“正底（船舶平底部分底板）九路，左右帮底、拖泥（舭列板）共四路，左右出水栈（舷侧列板）二路，左右中栈（舷侧列板）二路，左右完口（舷侧列板）二路，左右插找（舷侧列板）四路，左右出脚板（舷顶列板）二路，左右瞰堂（舷伸甲板）四块，左右侧口（舱口围板）二路。”上述左右瞰堂即舷伸甲板，将其除外之后，船底板与外板共计 27 路，其中有中心平板龙骨 1 路，左右列板共 26 路。因此可知每舷船底板与外板共 13 路。

船中心列板为平板龙骨，两边各 4 列船底板，即所谓正底九路。据测量，该船 9 路底板，板厚均为 60 毫米。船舶中部底板宽为 200 毫米，向首尾逐渐减小到 100 毫米。中心平板龙骨材质优而耐腐蚀，有别于其他船底板，平板龙骨残厚明显大于船底其他列板。

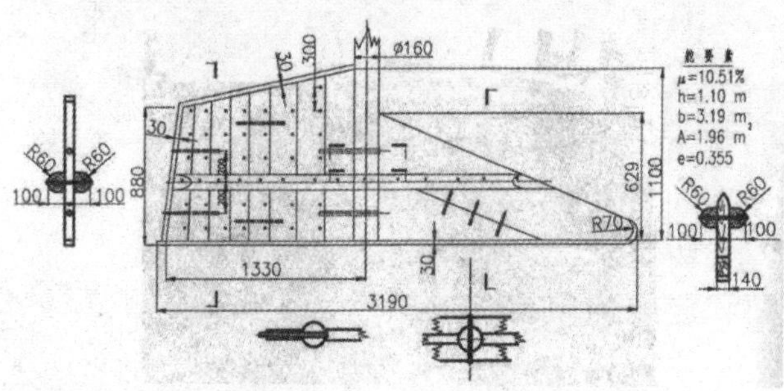

「菏泽元代古船舵结构图」

菏泽元代古船船舵与古船同时出土。菏泽元船的舵叶形状略如由三角形加四边形构成。即舵杆之前为一三角形，舵杆之后为一四边形。该舵还保留有局部舵杆，舵杆的前和后均有舵叶，说明该舵为悬式平衡舵。

舵叶导边的三角形舵板，由两块板拼接而成，舵杆后的四边形舵板由 8 列板构成，竖向排列，各板之间用间距为 150 毫米的铲钉钉连；水平方向更用两根穿心铁条贯穿舵叶板。舵叶板板厚 60 毫米。舵叶周边用 60 × 30 毫米的木板条包边，以防止河水从木材端部浸入并腐蚀，从而保护舵叶板。菏泽古船舵叶板的设计和结构堪称完美。

该船舵面积系数（舵面积与船长和吃水乘积之比）为 10.51%，比通

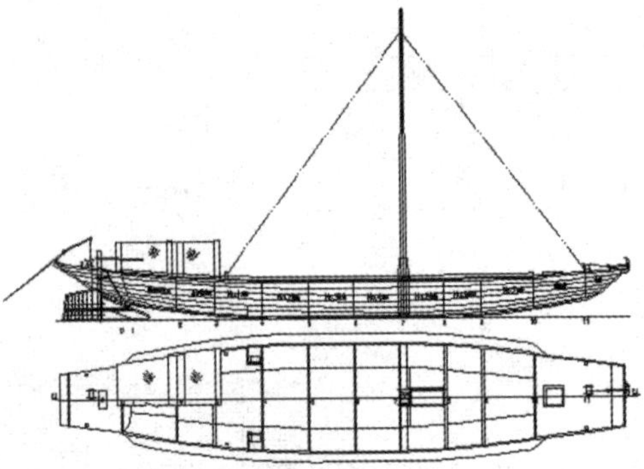

「菏泽元代古船总布置图」

常船舶的系数值为高。平衡舵舵叶的平衡系数高达 0.419，是真正意义的平衡舵。高舵面积系数和高平衡系数相配合，使操舵会较为轻便和有效。但是在小舵角时舵叶会受到水流的冲击，把舵时须费力气。此种平衡舵在我国尚属首次发现。

菏泽古船仍旧保持了中国古代内河传统木船的传统船型，船型狭长，方首、方尾、平底，长宽比比较大，吃水较小。这样窄形的古船能够通航于窄小的河道、湖泊，船底为平面则有利于冲沙和摆脱搁浅的危险。

随船还出土有一柄四爪铁锚，还带有长度为 18 米的锚链。首部于主甲板处设人力绞车一部，供起锚或绞缆用。

「四爪铁锚及锚链」

明代郑和七下西洋及其宝船队

◉ 梁启超揭开了研究郑和宝船的序幕

《明史 · 郑和传》记有："成祖疑惠帝亡海外，欲踪迹之；且欲耀兵异域，示中国富强。永乐三年六月，命和及其侪王景弘等通使西洋，将士卒二万七千八百余人，多赍金币，以次遍历诸番国，造大舶，修四十四丈、广十八丈者六十二。"所以有人把郑和下西洋简单地概括为"通四夷，给封赏，扬国威，示富强"。自从停罢下西洋活动之后，明清两代基本上实行了禁海以及锁国的政策，对郑和下西洋的功绩少有研究。国人对郑和的事迹知之甚少，甚至郑和家乡的人们都不知道郑和就出自他们那里。

在郑和七下西洋的伟大壮举中，"体势巍然"的宝船一直是人们关注的焦点。20 世纪初，在清政府压迫下流亡日本的著名近代学者梁启超，就曾以郑和及其宝船激励国人的爱国主义情愫。他在“祖国大航海家郑和传”（1904 年）中特别指出：“有深当注意者二事”：

“一曰其目的在通欧西也。……”

“二曰航海利器之发达也。……”

自从梁启超拉开研究郑和的序幕，国内外的学者在郑和研究中不断取得新的成果。现今，凡是选编研究郑和的文集，如《郑和研究资料编选》（1985 年）、《郑和研究百年论文选》（2004 年）、《郑和下西洋研究文选（1905—2005 年）》（2005 年）等，梁启超的这一论著都被列为首篇，其重要性可见一斑。

◉ 国际知名学者对郑和宝船的种种见解

法国汉学家伯希和（公元 1878—1945 年）于 1933 年将马欢的《瀛涯胜览》、费信的《星槎胜览》、巩珍的《西洋番国志》和黄省曾的《西洋朝贡典录》等下西洋纪行著作，经考证、注释后用法文出版，书名为《十五世纪初中国人的伟大海上旅行》。两年后即 1935 年，冯承钧将该书译为《郑和下西洋考》，在中国出版。该书为“造大舶，修四十四丈、广十八丈者六十二”句加以注释曰：“此种海舶奇大，可参考格仑威尔德书一六八页。总之每舟平均载四百五十人，其舟显然甚大，关于中世纪中国之大舶者可参考玉耳·戈尔迭之马可·波罗书，第二册二五三页，又契丹纪程，第五册二五页。”

英国学者李约瑟（公元 1900—1995 年）在他的《中国科学技术史》第四卷第三章中写道：“明代文献中有关郑和旗舰的尺度，乍看似乎难以相信，但在实际上丝毫不是‘奇谈’。”接着他还对明朝水师加以概括：“在明朝全盛时期（公元 1420 年前后），其海军也许超过了历史上任何时期的亚洲国家。甚至可能超过同时期的任何欧洲国家，乃至超过所有欧洲国家海军的总和。永乐年间，明朝海军拥有三千八百艘舰只，其中包括一千三百五十艘巡逻船，一千三百五十艘属于卫、所、寨的战船，和以南京新江口为基地的有四百艘大战船的主力船队，以及四百艘运粮的漕船。此外，还有二百五十艘远航宝船，每艘宝船上平均规定人数由公元 1405 年的四百五十人增加到 1431 年的六百九十人以上，最大的宝船当然超过一千人。”

日本学者寺田隆信 在其著作《郑和——联结中国与伊斯兰世界的航海家》（中译本，1988 年）中，不仅盛赞中国的传统造船技术，而且将郑和船队与其后的欧洲船队作对比。寺田写道：“造船技术的优劣，是一个国家生产技术水平的反映。像以上所说的那样，15 世纪初的中国，以高超的传统造船技术，建造了难以置信的巨大船舶，接连不断地把它们送到大海之中。

“对比所谓‘大航海时代’的航海，不仅迟于郑和之后五六十年，而且所乘船舶的尺度、性能，船队的规模，无论哪一样都远不及郑和的船队。瓦斯科·达·伽马的船队，正如前面叙述的，而 1492 年 8 月出航的哥伦布的舰队，也仅有 3 艘，成员 88 名，旗舰圣·玛利亚号只不过才 250 吨。并且，到达美洲时，已经失去 1 艘，留下的两艘也落得满身疮痍。1517 年以周航世界为目标而起航的麦哲伦的船队，其命运如何，这是众所周知的。

“伽马、哥伦布和麦哲伦的航海的历史意义，是必须给以充分评价的。然而，造成那样的结果，这是与他们不仅在航海和操船技术方面有问题，而且与乘坐的船舶也经不起大洋的风浪不无关系。从总的方面来说，他们的航海是一种探险的、冒险的活动。”

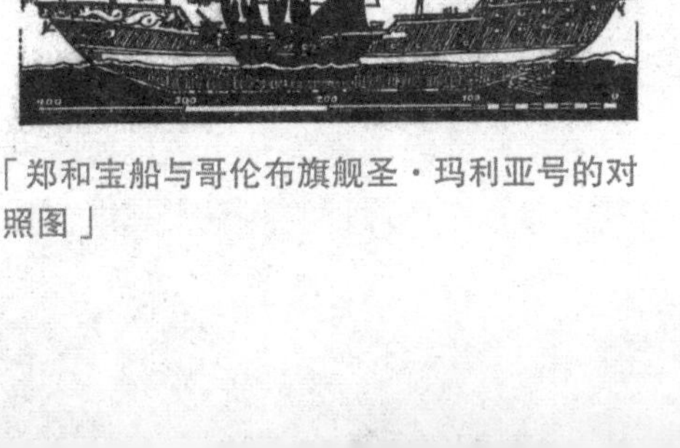

「郑和宝船与哥伦布旗舰圣·玛利亚号的对照图」

美国学者李露晔 1994 年在英国牛津大学出版社出版了她的《当中国称霸海上》（When China Ruled the Seas）一书，其中有“宝船”一章。在全书开头的“楔子”中刊有詹氏所绘郑和宝船与哥伦布旗舰圣·玛利亚号的对照图。两者在尺度与规模上的对比，何其生动鲜明。

据知，当撰写这部著作时，作者李露晔不仅到东南亚的许多地方考察郑和遗迹，还专门到剑桥的李约瑟研究所结交李约瑟并作学术交流。作为到南京大学的访问学者，她曾造访我国的许多城市与为数众多的中国学者进行学术交流。我们可以说，研究郑和及其宝船，外国学者也参与其中了。

◉ 对郑和宝船的质疑有力地推动了学术探索

对宝船尺度持怀疑态度的学者国内外不乏其人，从20世纪40年代到80年代，在国内质疑宝船的学者及代表性论文，概有以下4篇。

（1）管劲承先生早在1947年发表《郑和下西洋的船》。文章认为："据'本传'，船身长四十四丈，阔度倒有十八丈，长阔之比，约为七与三。于此，我们只凭常识为断，就不能无疑。"管劲承继续写道："何致造成违反水性的'短短胖'呢？所以'本传'云云，可说是史官笔下造成的船舶，并不会经过工匠用斧斤，斫大木。"

（2）周世德研究员在1962年发表《中国沙船考略》。周先生从沙船推论郑和宝船，"按着江苏外海沙船比例（按：文中示例船型的长与宽之比为5.11）计算，长44丈，应宽8.6丈。"周先生认为历史文献所记宝船长度"是可信的"，"颇疑船宽记载有讹舛之处。"广十八丈"颇疑系'广于八丈'之误。"遂有修改宝船宽度之议。

（3）上海交大教授杨槱、杨宗英、黄根余在1981年发表《略论郑和下西洋的宝船尺度》。文章要点有三：①"船型似以沙船为妥，长宽比就不能太小"；②"明史郑和传中关于宝船的尺度是引自明人'说集'的《瀛涯胜览·序》，因此不能说这个尺度是有充分根据的"；③龙江船厂"从整个厂的布置图看来，是不能造这么大的船"。杨槱等教授的结论意见是："《明史》上记载的宝船，长四十四丈，宽十八丈，若将其宽作为长，将长度的单位改为尺，而改为四丈四广，十八丈长，则与一般法式估算的尺度就相当接近了。"

（4）杨槱教授 1983 年在上海《文汇报》发表《郑和宝船究竟有多

大》一文。文章把有争议的问题加以概括：①《明史》等所载宝船尺度均源于《瀛涯胜览》一书，实为孤证；②据“南京静海寺残碑”推断，郑和的船仅长十余丈；③郑和航海不需要特大的船；④在明代要在三年内造出几十艘特大的宝船“是不可思议的”。

上述5位学者的4篇论文，对宝船的质疑概有4点：①短短胖的宝船是不存在的；②提出沙船说，长宽比不能太小；③提出龙江说，龙江船厂造不了大型宝船；④宝船尺度源于《瀛涯胜览》，实为孤证。

不赞同上述质疑的学者更多，按论著发表的先后概述如下。

（1）武汉水运工程学院席龙飞与何国卫于1982年撰成《试论郑和宝船》，并将文稿首先寄呈周、杨两先生恭请赐正。同时还寄呈上海海运学院院长陈嘉震教授、厦门大学历史系庄为玑教授、北京水运史学家房仲甫先生等求教。

《试论郑和宝船》提出：按《明史》及有关文献所记，“可知郑和庞大的舰队中，绝大多数船舶的长宽比值均在2.5左右。这样小的长宽比虽然与现代造船工作者的认识相距很远，但却为近年在泉州、宁波出土的宋代海船所证实。泉州宋船的长宽比为2.48或为2.8；宁波宋船的长宽比为2.71或2.8。这样小的长宽比在历史文献中也能找到。”

像前述周先生、杨先生那样，为附会“沙船比例”或“一般法式”而去修改宝船的尺度，未免牵强，而且与出土古船的实证相悖。特别是有的文章，把宽改作长，把长的单位改作尺，毫无科学性可言。这是《试论郑和宝船》的主要论点之一。

《试论郑和宝船》的论点之二，以《明成祖实录》所载永乐元年至永乐十七年根据上谕建造海船统计表表明，下西洋船舶是在全国各地建造的，船型有多样性。由于文献所记诸多船型的长宽比值较小，说明宝船的主要船型应是福船而非沙船。

席龙飞、何国卫在论文中以“郑和宝船的出现合于事物发展规律”回应杨槱等学者。文中以与他们同样的公式核算船体强度，结果表明是“可以保证有足够的强度”。

中国航海史研究会1983年在九江召开了郑和下西洋学术讨论会，这在我国是空前的郑和研究盛会，有许多知名专家在这次会议上发表了学术论文，会后出版了《郑和下西洋论文集》第一集，引起了海内外的关注，例如日本《朝日新闻》（1986年1月31日夕刊）就对席龙飞的论文加以报导。

「郑和宝船复原效果图」

（2）山东大学历史系教授郑鹤声、郑一钧在九江会议上著文《略论郑和下西洋的船》。针对杨槱教授等三学者所说：“记有郑和下西洋全部情况的典籍，被明朝兵部郎中刘大夏付之一炬，而明史郑和传中关于宝船的尺度是引自明人‘说集’的‘瀛涯胜览·序’。因此，不能说这个尺度是有充分根据的。”郑氏父子在文章中写道：“我们认为，这一说法是值得商榷的。查刘大夏所毁，主要为明朝政府内所藏‘郑和出使水程’及有关档案，至于在刘大夏之前已流传民间的记有郑和下西洋情况的典籍，仍有一些流传至今，除马欢书外，尚有费信的《星槎胜览》、巩珍的《西洋番国志》、茅元仪的《武备志》中所收‘自宝船厂开船从龙江关出水直抵外国诸番图’（即《郑和航海图》）等，而《郑和航海图》即为‘郑和出使水程’之一种。”

作为早年“南京静海寺残碑”的发现者，郑鹤声在文章中写道：“我们认为南京静海寺残碑中所记一千五百料、二千料海船，应为‘将领官军乘驾’的军舰，是一种以运载广大的下洋‘将领官军’为主，兼有作战性能的海船。……可以统称之为‘战座船’，是郑和舰队中的主要舰型之一，却不是最大的宝船。”“郑和宝船，与此有别，应为郑和、王景弘等领导成员乘坐的旗舰，或为使团重要成员、外国使节，一般行政官员和技术人员等非军事人员所乘坐的以及装载大宗‘宝货’的船只。”

郑鹤声教授写道：“在明代以前，中国造船业发达的程度，就接近于能造长四十四，宽一十八丈的大船的水平。明朝永乐年间，在社会经济高度繁荣的基础上，郑和下西洋所表现的大规模的洲际航海活动，有力地推动了当时造船业进一步发展，完全有可能具有建造大型宝船的技术水平。郑和宝船主要建造于南京宝船厂，福建也是重要的建造宝船的基地。”在文章的结尾，针对杨槱教授等三位学者文章所说：“过去修史写书的官员，对生产实践一般较贫乏，稍一疏忽，就有可能对船作出错误的描述”，郑鹤声写道：“根据明代各可靠的史料，举宝船之大者，为‘修四十四丈，广十八丈’，不是反映了过去修史写书的官员对生产实践知识的贫乏，而是反映了明代造船工匠在打造巨型海船上所达到的高超的技术水平，实在超出了今天人们的想象。由于当时的造船工艺早已失传，有关宝船结构的技术资料也没有流传下来，史书上的简短记载，看起来真像是特定时代的‘奇迹’，从中却也能说明我们中华民族是素以其富有创造性的聪明才智而称著于世的。”

（3）厦门大学历史系教授庄为玑、庄景辉发表《郑和宝船尺度的探索》。他们认为：“郑和下西洋的档案，虽被付之一炬，宝船尺度却在随行人员马欢的纪行著作中得以保存，这是十分宝贵的。尤其像马欢这样的第一手资料，系记录者直接目击，因此，在没有发掘出更有力的史料之前，马欢所记的宝船尺度不应轻易否定或随意修改。”

庄姓师生写道：“作为随郑和下西洋人员的纪行著作问世的还有巩珍的《西洋番国志》和费信的《星槎胜览》。在这两部书中，虽无明确记述宝船的尺度，但均对其规模作了描述。最为引人注目的是《西洋番国志》中的一段记载：‘其所乘宝舟，体势巍然，巨无与敌。篷、帆、锚、舵，非二三百人莫能举动’。”

“这里所记载宝舟‘巨无与敌’跟前述马欢所记之宝舡‘古所未有’恰相吻合，而‘篷、帆、锚、舵，非二三百人莫能举动’正是‘大者长四十四丈，阔一十八丈’的具体注释，巩珍的这一记述并不是无所凭据的，她与马欢、费信一样，曾与宣德六年（公元 1431 年）‘叨从使节，涉历遐方’，随郑和第七次下西洋……如果说，‘所记各国的事迹，……悉听通事转译而得’的话，那么，对于‘宝舟’的体势，正是巩珍所亲身目睹的事实。”

庄为玑教授性格豪爽，经常是快人快语。他认为周（世德）先生拘泥于沙船说；杨（槱）先生拘泥于龙江说，二位都有局限性。他在1982年的通信中写道：“郑和船只既是各省调来配搭，则无所谓龙江船厂包造之可言”，“大作（指《试论郑和宝船》）目的在于探讨郑和宝船问题，周、杨二专家读之亦当首肯”。

（4）山东大学中西交通史硕士研究生邱克在九江发表《郑和宝船尺寸记载的可靠性》。邱克在北京图书馆（今国图）寻找到知名学者“只闻其名，不见其书”的明代钞本《三宝征夷集》。

此钞本最早著录于宁波范氏《天一阁书目》。伯希和在《郑和下西洋考》中曾提到过它。冯承钧则进一步指出这是《瀛涯胜览》的别本。冯承钧还说：“这部孤本‘三宝征夷集’，现在或尚存，若能取其校勘‘纪录汇编本’，必更有所发现。”

邱克在文章中写道：“《瀛涯胜览》初稿完成于永乐十四年，全书最后完稿于马欢参加第七次下西洋归来（宣德八年）之后，并增添了天方国条等新的内容。而巩珍在宣德九年完成《西洋番国志》之前看到并抄袭了马欢的这部书，以此而论《瀛涯胜览》的最后定稿似不会晚于宣德九年。经过校勘可知，“征夷集”与其他版本相比，非常接近于“巩本”，有理由认为巩珍写作时参考的很可能就是与“征夷集”相类似的原本。因此其可靠程度较之“明钞说集本”又胜过一筹，这部明钞本卷首诸番国名之后，亦录有宝船尺寸及下西洋官兵人数”。邱克用照片披露了这些数字全用会计字码大写，他认为：“因此，似乎可以排除转抄刻写过程中把船的长宽尺寸颠倒或笔误的可能。”

（5）上海的李邦彦、北京的王兆生参加九江会议著文赞同大型宝船，论文收入《郑和下西洋论文集》第一集，兹不赘叙。

（6）文尚光研究员在1984年发表《郑和宝船尺度考辩》。这是针对杨槱1983年在上海《文汇报》发表的文章《郑和宝船究竟有多大》，文先生在文章中写道："明白载有宝船尺度的历史文献有明钞说集本《瀛涯胜览》《三宝征夷集》《郑和家谱》《客座赘语》《西洋通俗演义》《国榷》《明史·郑和传》等七种"。按其资料来源可分为三个系统：一是《瀛涯胜览》《征夷集》和《下西洋通俗演义》；二是《家谱》；三是《明史》《客座》和《国榷》。尽管它们的资料来源不同，但所载的最大宝船均为四十四丈（或为四十四丈四尺）、宽十八丈，这个数字的可靠性应是毋庸置疑的。有这么多同源与不同源的文献为证，怎么能说是'孤证'呢？"

鉴于巩珍在《西洋番国志》自序中说："其所乘宝舟，体势巍然，巨无与敌，篷、帆、锚、舵，非二三百人莫能举动。"文尚光写道："如果说最大宝船仅长十余丈，那么郑和这位年轻的幕僚所作的随行实录，怎么会如此用词不当，如此失实之甚呢？下西洋的盛事刚结束，大批当事人还在，巩珍怎敢毫无根据地胡乱吹嘘呢！"

（7）中国船史研究会副会长、江苏省造船工程学会副秘书长洪长倬，于1984年在南京召开郑和下西洋学术讨论会上，发表论文《宝船厂遗址及宝船尺度问题》，收入《郑和下西洋论文集》第二集。文章报告了他本人亲自参加的对遗址的调查与勘测，给出宝船厂与龙江船厂的厂址图。洪长倬的贡献是：①突破了南京博物院一位资深专家把龙江船厂与宝船厂混为一谈的定式；②明确提出："宝船厂与龙江船厂性质不同"；"宝船不可能是在龙江船厂制造的"；"宝船厂是有可能制造宝船的"。在文章的最后，洪长倬写道："从上述文献资料，可以充分说明明代宝船之成，绝不是'误打误碰'出来的，若非经过

「大型郑和宝船模型」

千百年的实践，曷克臻此。因此，可以断言，宝船的‘体势巍然，巨无与敌’之雄姿，见诸马欢、费信、巩珍等人笔下者，信非诳语。”

（8）复旦大学章巽教授在其1986年出版的《我国古代的海上交通》一书中，对文献所记宝船的尺度，认为“殊有可能”。他写道：“郑和的伟大，是由于他继承了前人开创的事业，吸取了前人丰富的航海技术与经验。……我国不但最早发明指南针并将其应用于航海，而且我国造船业开始得非常早，技术精良，世代有所进步，唐、宋、元各代的大海舶都驰名于整个西太平洋和印度洋上。——以上所说我国海上交通史这一切光辉的经历和巨大业绩，正是郑和所继承了的。”

综上所述，人们可以理解：正是由于对郑和宝船有那么许多质疑，才引起了全国学者的研究兴趣，才使研究工作不断深入并获得十分可喜的成果。

◉ 对郑和宝船新的质疑引发了更为深入的舟船史研究

华裔美籍海洋学者苏明阳先生在2002年《船史研究》（总第17期）发表两篇文章：《郑和宝船及船队究竟有多大——依据明朝可靠文献之新估计》和《历史与小说的错综交织——揭开“郑和宝船之谜”》。苏明阳先生写道：“《西洋记》第15回虚构的‘宝船尺度’乃郑和宝船最原始出处。古今几百种所标榜的庞大宝船尺度是假的、错误的。许多中国人为此所引发‘过度’爱国民族自傲情绪是不当的。造成此误解的第一位中国学者是清末民初著名的历史学家梁启超。他1904年之论文常被引为依据。”

针对苏明阳的两篇文章，何国卫、席龙飞写了《没破掉也没立稳——评苏明阳先生关于郑和宝船的两篇专文》，他们认为“华裔美籍学者发表的《历史与小说的错综交织——解开‘郑和宝船之谜’》和《郑和宝船及船队究竟有多大——依据明朝可靠文献之新估计》两篇专文，远远不能全面破掉史籍对郑和宝船尺度的记载；也不能使读者信服的接受郑和宝船就是一艘长230尺，载600人的6000料海船。原因是苏明阳先生所依论据，所设假定，所用逻辑都过于随意和偏颇，所推定的结论当然就不可靠和不可信。”

中国社会科学院明史研究室主任万明教授，在海洋出版社2005年出版的《明钞本〈瀛涯胜览〉校注》的代前言中写道：

> “现存郑和下西洋三部基本文献，包括马欢《瀛涯胜览》、费信《星槎胜览》、巩珍《西洋番国志》，都是当时跟随下西洋的人所著。其中，马欢《瀛涯胜览》一书，出自亲历下西洋的通事（即翻译）之手，更是原始资料性质，弥足珍贵。

他认为苏明阳论文所说所有记载宝船尺寸的文献，均抄自《西洋记》，“已经证明不能成立”。

苏明阳先生当年曾到武汉访问，笔者曾热情接待并有著作相赠。2009年9月，在台北由中华郑和学会举办“世界华人郑和论坛”。笔者以为这是与苏明阳先生同堂切磋的好机会。我在带到台北的论文中写道：

> “苏明阳先生不仅见过而且批评过邱克的论文，但在苏的文章中对明钞说集本《瀛涯胜览》，‘在卷末亦有“景泰辛未”一行’既没有批驳，也没有否定，是苏明阳先生视而不见，还是另有隐情，我们不得而知。苏明阳在其论文中的表6首栏的《瀛涯胜览》（1413—1451）中，仍以其不曾记宝船尺度误导读者。我们以为：这在学风上不仅不严谨而且是不诚实的，因而也是不可取的。这样的论文怎么能有说服力呢？”

可惜的是，苏明阳先生没有获得论坛邀请，笔者也未能与他同堂切磋，这多少有些遗憾。

◉ 南京市博物馆发掘宝船厂遗址获重要成果

经国家文物局批准，2003年8月起，南京市博物馆对宝船厂遗址的第六作塘进行发掘，出土文物极丰，包括有大型舵杆2只，一批木作工具，还有专门为造船捻缝用的油泥坨六只，等等。《宝船厂遗址——南京明宝船厂六作塘考古报告》于2006年由文物出版社出版。

「南京宝船厂遗址发掘后的第六作塘」

宝船厂原有作塘七座，规模巨大。现在仍遗存有第四、第五和第六作塘，这里当是建造宝船的处所。宝船厂遗址发掘成果的存在，再想否定大型郑和宝船，真的是十分困难了。

明代与舟船相关的著述

与宋元时代相比较，明代有关船舶、船厂的著作更多，它们对船舶的型制及其法式，叙述也更较为细致、深入，而且多文图并茂。对船舶的生产量以及用料、用工及造价等记述颇为详尽，对船厂的生产管理也有述及。从这些文献可以看出明代的船舶技术较前代又有长足的进步。现择其要者以叙之。

◉《天工开物》

《天工开物》为著名农工科技著作，由明代宋应星撰成并刊刻于崇祯丁丑（公元1637年）。其第九卷舟车，不仅讲述各种船型，还讲述到船锚的应用，在第十卷锤锻和在第八卷冶铸中特别讲述到四爪铁锚的锻造工艺和锚爪的焊接工艺。由之可见，在明代制造和应用四爪铁锚的技术已十分成熟。

「《天工开物》所绘漕舫图」

《天工开物》第九卷舟车绘有漕舫图并记有："凡京师为军民集区，万国水运以供储，漕舫所由兴也。"

「漕舫船模型照片」

「《天工开物》所绘六桨课船图」

《天工开物》还绘有六桨课船图并记有："江汉课舡，身甚狭小而长，上列十余仓，每仓容止一人卧息，首尾共桨六把，小桅篷一座。风涛之中，恃有多桨挟持。不遇逆风一昼夜顺水行四百余里，逆水亦行百余里。国朝盐课，淮扬数颇多，故设此运银，名曰课舡。行人欲速者亦买之。其舡南自赣、西自荆襄，达于爪（洲）、仪（征）而止。"文中的"课"指捐税。

《天工开物》第十卷绘有锤锚图并记有："凡舟行遇风难泊，则全身系命于锚，战船海船有重千钧者。锤法先成四爪，以次逐节接身。其三百斤以内者，用径尺阔砧安顿炉旁，当其两端皆红，掀去炉炭，铁包木棍夹持上砧。若千斤内外者，则架木棚，多人立其上共持铁链，两接锚身。其末皆带巨铁圈链套，提起、捩转，咸力锤合。……盖炉锤之中此物其最巨者。"

在锤锻焊接铁件时，通常还要加以焊剂。在"冶铸"一卷中记有："凡焊铁之法，西洋诸国别有奇药（焊剂），中华小焊用白铜末，大焊则竭力挥锤而强合之，历岁之久终不可坚。故大炮西番有锻成者，中国则惟事冶铸也。"

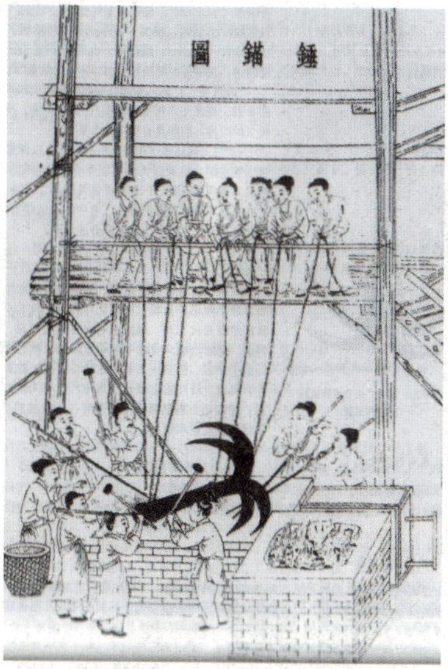

「《天工开物》所绘锤锚图」

“凡铁性逐节粘合，涂上黄泥于接口之上，入火挥槌，泥滓成枵而去，取其神气为媒合，胶结之后非灼红斧斩永不可断也。”

在锻接锚时，《天工开物》又强调焊剂不用黄泥而是用“陈久壁土”，这可能是长期实践的经验之谈。文曰：“合药不用黄泥，先取陈久壁土筛细，一人频撒接口之中，浑合方无微罅。”

南宋周密所撰《癸辛杂识》就说到锚，且锚有四爪，但把锚字写作“猫”。后世清代的官府海运档案汇编《江苏海运全案》上也说：“大樯之前有舟牙焉，所以起猫也。”如此说来，“猫”倒是本字。这或许是最初把这种 4 个爪的泊船工具类比作猫，当猫被普遍使用之后，才既保持其原音又根据材质是金属的特点，才创造出一个“锚”字。编撰于清康熙五十五年（公元 1716 年）的《康熙字典》收有“锚”字，其解释为“船上铁猫曰锚”。

四爪锚是中国独创的系泊工具。四爪锚必有两爪同时抓泥为其优点。这种锚，日本叫做‘唐人锚’。这个被称作‘猫’的船舶属具连同它的名称，也传到西方。在英文中，吊锚杆叫作‘cat-davit’，起锚滑车叫作‘cat-block’，‘cat’就是猫，也是锚。德文‘katzenker’是猫锚，即四爪锚。俄文‘кошка’，既是猫，也是四爪锚。西方也猫、锚通用，透露着中国四爪锚向外传播的信息。

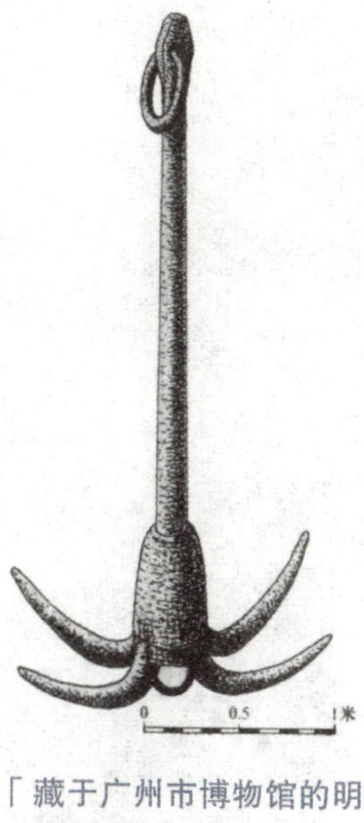

「藏于广州市博物馆的明代四爪锚」

1978 年，在广州六榕路铁局巷发现明代四爪锚，现收藏于广州市博物馆。该四爪锚高 3.4 米，反映明代造船具有很高的水平。

◉《南船纪》、《龙江船厂志》与《漕船志》

《南船纪》为明代沈启撰，成书于嘉靖二十年（公元1541年）。沈启曾任南京工部营缮清吏司主事，主持龙江船厂多年。他以实际经历和诸多数例撰成此书，共四卷。第一卷篇幅最大，历数龙江船厂所承造的20余类船舶的图式、构造名称及尺寸；第二卷为各卫、所应备船舶数量；第三卷记述都水司、提举司的组成及人员；第四卷记述各型船舶的用料、用工和船价。

「预备大黄船图」

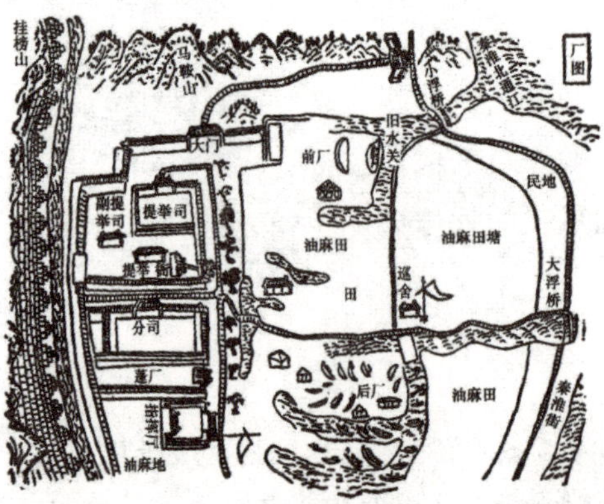

「明代龙江船厂图」

《南船纪》卷一所载预备大黄船，是供皇帝出巡时专用的座船。古代黄色是皇室独用的颜色，以显示皇权的尊贵。它常年停泊在通州备用。虽多年未必动用一次，但也必须轮番修造，以备不时之需。这就是在黄船前加“预备”二字的原因。《龙江船厂志》上说它是“梢上有亭如殿，故名水殿”，也称“水殿黄船”。

《龙江船厂志》为明代李昭祥撰，成书于明嘉靖年间，共八卷。明代于南京三汊河设龙江船厂，李昭祥为该厂后期主事人，李以其亲身经历写成此书。书中附有该厂全貌布置图。

《龙江船厂志》卷二为舟楫志，记载明代船舶类型及其结构和造船所需物料、人工计算规定；卷四为建置志，记述龙江船厂规模；卷八为文献志，记述自刳木为舟以来历代船舶沿革。其他各卷，分别记述船厂组织、管理制度等。纲目相属，先后有序，系统地记述了我国船舶发展概况和古代船厂的管理规程。《龙江船厂志》所记内容难免与其他文献有所交叉或重复，如《南船纪》中的预备大黄船，在此书中也称“水殿黄船。《明史·职官志》中有马船、风快船，以供送官物。《大明会典》中有马快船条，说原是以备水军进征之用。此书也记载了马快船改为皇家专用供船的事。据所运物品的种类来看，马快船又像是《南船纪》中所记的大小两种黄船。

《漕船志》为明代席书编撰，后经朱家相增修。席、朱二人多年从事漕运，并先后主持清江船厂（在今江苏淮安市）。这是以其亲身经历撰写的关于漕船和船厂的专著。书中记述了明代清江船厂与卫河船厂（在今山东临清市）这两个专造漕船工厂（后二厂合并为一）的历史沿革与生产情况。书中也记有历代漕运管理。

据《漕船志》记载，各区段漕船总数为 11839 艘，与《明史·食货志》所记“运船之数，永乐至景泰，大小无定，为数至多。天顺以后，定船万一千七百七十”之数，只相差 69 艘。这说明两者的数据都基本可信。

◉《筹海图编》与《武备志》

《筹海图编》名义上是“明少保新安胡宗宪辑，曾孙庠生胡维极重校”，但据研究认为实出自胡之幕僚郑若曾（开阳）之手。书成于嘉靖年间，共 13 卷。

主要记述嘉靖时抵御倭寇事略，上溯追述明代前和明初中日交通情况。书中附有对沿海布防形势图及战船、武器详图。其对船舶的记述和所附船图虽可新人耳目，但与稍后出书的《武备志》相比，并不出色。

《武备志》为明代茅元仪撰，成书于天启元年（公元1621年），共240卷。

茅元仪之祖茅坤曾任职兵部，做过胡宗宪的幕僚，熟悉海防。元仪出于将门，并曾亲历战阵，讲求韬略，博采历代兵书2000余种，经15年辑成，约200万言。应当说这是阐述古代水陆军事装备的专著，对河漕、海运、海防、江防及航海也有论述。其中116及117两卷，图文对照，详述各型各类战船的特点及其应用。其第240卷为《郑和航海图》。

《武备志》中对前朝早已有之的游艇、蒙冲、楼船、走舸、斗舰、海鹘船等均有详述，兹不赘言。特将其广船、福船及沙船分述如下。

「广东船图」

（1）广东船。“广东船两旁搭架摇橹，风篷札制俱与福船不同。”

“广船，视福船尤大，其坚致亦远过之。盖广船乃铁力木所造，福船不过松杉之类而已。二船在海若相冲击，福船即碎，不能挡铁力之坚也。倭夷造船亦用松杉之类，不敢与广船相冲。广船若坏须用铁力木修理，难于其继。且其制下窄上宽，状若两翼，在里海则稳，在外海则动摇，此广船之利弊也。”广船有两个变化船型：新会县尖尾船及东莞县大头船。

（2）大福船。“福船一号吃水太深，起止迟重，惟二号船今常用之。福船高大如楼，可容百人。其底尖，其上阔，其首昂而口张，其尾高耸，设楼三重于上，其旁皆护板，护以茅竹，竖立如垣。其帆桅二道，中为四层，最下层不可居，惟实土石，以防轻飘之患。第二层乃兵士寝息之所，地柜隐之，须从上蹑梯而下。第三层左右各设木桩，系以棕缆，下碇起碇皆于此层用力。最上一层如露台，须从第三层穴梯而上。两旁板翼如栏，人倚之以攻敌，矢石火炮皆俯瞰而发。敌舟小者相遇则犁沉之，而敌又难于仰攻，诚海战之利器也。但能行于顺风顺潮，回翔不便，亦不能逼岸而泊，须假哨船接渡而后可。”

「大福船图」

「大福船复原模型（展于北京军博）」

“戚继光云，福船高大如城，非人力可驱，全仗风势，倭船自来矮小，如我之小苍船，故福船乘风下压，如车碾螳螂。斗船力而不斗人力，是以每每取胜。设使贼船亦如我福船大，则吾未见必济之策也。但吃水一丈一二尺，惟利大洋。不然，多胶于浅，无风不可使。是以贼船一入里海沿浅而行，则福船为无为矣，故有海沧（船）之设。”

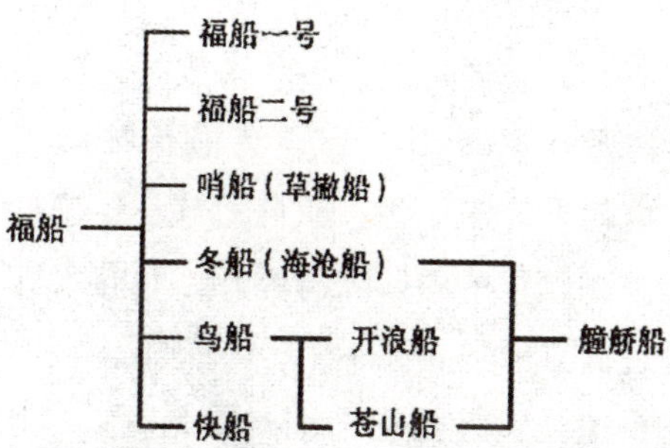

「福船六号序列图」

《武备志》接着写道：“按福建船有六号：一号、二号俱名福船；三号哨船；四号冬船；五号鸟船；六号快船。势力雄大，便于冲犁。哨船、冬船便于攻战追击，鸟船、快船，能狎风涛，便于哨探或捞首级。大小兼用俱不可废。”福船六号的序列如图所示。

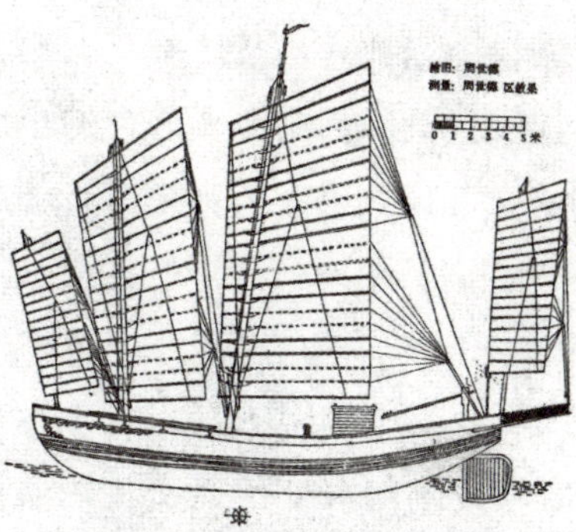

「沙船图」

「沙船模型（采自澳门海事博物馆）」

（3）沙船。“水战非乡兵所惯，乃沙民所宜，盖沙民生长海滨习知水性，出入风涛如履平地，在直隶、太仓、崇明、嘉定有之。但沙船仅可于各港协守小洋出哨，若欲赴马迹、陈钱等山必须用福苍及广东鸟尾等船。”

“沙船能调戗使斗风，然惟便于北洋而不便于南洋，北洋水浅南洋深也。沙船底平不能破深水之大浪也。北洋有滚涂浪，福船、苍山船底尖，最畏此浪，沙船却不畏此。北洋可以抛铁锚，南洋水深惟可下木碇。”

◉《使琉球录》

明嘉靖十一年（公元1532年），陈侃奉谕出使琉球对中山王世子尚清进行册封，为此第二年赴闽造船。嘉靖甲午（公元1534年）三月舟始毕工，当年去还，归后写成此书。书中尽述使船的概况，关于桅、舵、锚、橹等细节和海上遇险折桅等情景，叙述尤为生动。

「出使琉球的封舟图」

该船的大桅是由五小木攒成，束以铁环，风浪中环断其一，遂有桅折帆倾之险。再就是陈侃认为：原舟用钉不足，捻麻不密，板联不固，隙缝皆开，乃有水进船舱之祸，以数十人引水，水仍不止。后来还是速找隙缝而塞之，方保无虞。

陈侃之后，明代出使琉球还有4次，到清代则更频。赴琉球的使船封舟，由礼部负责，指派福建当地官员具体施工。船厂就设在福建闽侯县闽江中叫做南台的小岛上。使船的送迎仪式也在南台举行。陈侃写道：“予等启行，三司诸君送至南台”，“南台距海百余里，大舟畏浅必潮平而后行”。

明代为发展与琉球间的交流往来，朝廷曾下令“赐闽中舟工三十六户，以便贡使往来”，这是将福建船匠的造船技术向海外传播交流的实绩。

◉《船政》及《船政新书》

《船政》，续修四库全书影印本，收在第 878 册。刊印时间为嘉靖二十五年（公元 1546 年）正月，主持修撰的为南京兵部车驾清吏司。不分卷，有目录。目录后刊有图式两幅，即‘快船图样’和‘平船图样’。与他书不同之处，图上各部分均在相应位置著录尺寸，可谓一目了然。

修撰《船政》的目的在于革除成造、修造、大修、中修、小修工程中的积弊，为此，特在“快船式样”和“平船式样”这两幅图样中均在相应部位著录尺寸。对造船所用材料诸如楠木、榆木、杉木、柏木、桐油、钉、锔、黄麻、苘麻、石灰等均有定数，对每种样船要开列清单。对所需匠作诸如大木匠、细木匠、捻匠、打灰拽钻帮工、拽船上岸下水用人、画匠以及该作工时，都有规定，都要详细列表呈报。《船政》一书中对每项都有相应的案例，以便在成造、修造工程中有章可循。《船政》一书最大特点是成书之后，在兵部大堂和船厂主事大堂，均有石刻的船政书。如此透明执政，且无回禄之虞。

「快船式样（采自《船政》）」

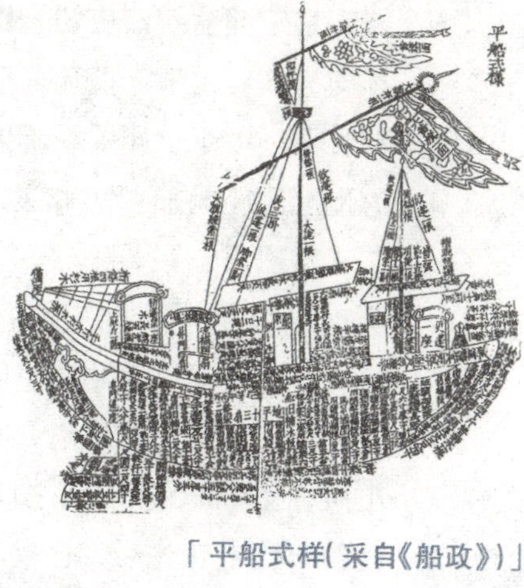

「平船式样（采自《船政》）」

《船政新书》，为明南京兵部车驾清吏司主事倪涑撰，《明史·艺文志》收录。刊刻于明万历十六年（公元1588年）。

此书自谓新书，乃继承自该司42年前编修的《船政》，除无图件外，其他各型均较之《船政》有更详尽的补充。其第四卷‘客问’一节，通过问答方式，对南京船舶制造、维修，航运制度、管理，人员顾募、征调等做了解答，确能起到造船百科全书的作用。据《船政新书》记载，明代的南京是中国的造船中心。共有5个船厂，现简述如下。

黄船厂　黄船厂只管修造皇家御用大小黄船，黄船厂在南京城西。《船政新书》卷二有“黄船编审由兵科，修造由工部”。黄船厂的官员也与其他船厂有别，亦由该部（按指南京工部）径自选补。

造船厂和拨船厂　据《船政》记载，属南京兵部车驾清吏司管辖的有两个船厂，分别称“造船厂”和“拨船厂”。该两厂负责修造南京锦衣卫等四十卫的快船和平船。后来造船厂因主要建造马船，便被建议改称马船厂。据《船政新书》卷一记载，万历十四年（公元1586年）四月，经过皇帝审核批准，“除黄船厂照旧外，其拨船厂改为快船厂，造船厂改为马船厂。

龙江船厂　因为有一本《龙江船厂志》，该厂已广为人知。龙江船厂属南京工部营缮清吏司管辖，主事者常为一人，《龙江船厂志》作者李昭祥即为该厂主事。前述造船厂（马船厂）、拨船厂（快船厂）则由南京兵部管辖。由于隶属关系不同，所以李昭祥在其书中并没有提及由兵部管辖的造船厂（马船厂）和拨船厂（快船厂）。

宝船厂　在20世纪60年代，在我国的船史学界多只知道有个龙江船厂。到80年代，船史研究会副会长洪长倬对两个船厂的位置分别做过测绘。不过宝船厂与龙江船厂究竟是一个船厂还是两个船厂还在争论中。一直到南京市博物馆的南京明宝船厂六作塘考古报告《宝船厂遗址》由文物出版社于2006年出版之后，宝船厂与龙江船厂位置不同、任务不同、建设的年代也有先后，已是不争的事实。

◉《西洋记》

神魔小说《西洋记》是《三宝太监西洋记通俗演义》的简称，作者罗懋登，刻于明万历二十五年（公元1597年）。

此前有明中期的《西游记》和后来的《封神榜》，都是明代最具代表性的神魔小说。罗懋登似乎在追求“神魔”这一时尚。甚至较太公封神、玄奘取经尤为荒诞。例如“元帅亲进女儿国，南军误饮子母水”就明显地模仿《西游记》的内容。

在罗懋登之前，有关郑和下西洋的纪行著作马欢的《瀛涯胜览》、费信的《星搓胜览》和巩珍的《西洋番国志》早已流传于世。罗懋登在他的小说中大量引用马欢等人的著作。例如在第一百回开头就是马欢的长行纪行诗。马欢本人也在小说中出现。

季羡林曾评价：“罗懋登的《三宝太监西洋记通俗演义》……既有现实的成分，也有浪漫的成分。在现实方面，他以《瀛涯胜览》等为根据，写了很多历史事实。这一点用不着多说了。至于浪漫的方面更是明显。人物的创造，情节的编制，无一不流露出作者的匠心。真人与神人杂陈，史实与幻想并列。有的有所师承，有的凭空臆造。看来罗懋登是有意写小说的。”

清代长江流域舟船的百花齐放

◉ 长江流域传统帆船的发展

长江的航运在清初相当衰滞，从雍正年间起日趋繁荣，到乾隆年间则盛极一时。

「金沙江南河船」

「叙府半头船」

「汉口港林立的帆樯(由汉口眺望汉阳)」

「汉口港林立的帆樯(由长江望汉水两岸)」

在长江上游，四川有大量的米粮、川盐沿长江外运，滇铜和黔盐经四川转道由长江外运，川茶、蜀锦和川丝有相当的运量，木材运输也占长江航运中的相当份额。不过，在金沙江河段，为适应水流湍急的自然条件，这里的金沙江南河船是多桨、单桅帆船，溯江而上时也必须拉纤。叙府半头船则是航行于岷江的，它可以由成都直达重庆。该船尾部设置一把大橹，既可以作推进，也可在急流航道中用作操纵。

汉口居长江中游，扼汉水通长江的要津，下水可通九江、芜湖、南京、上海各大港埠，更可通海；沿长江上溯有沙市、宜昌，入川可达万县、重庆、宜宾；上溯汉水可达襄阳、谷城而趋陕南，历来是长江的航运中心。路易斯所著《中国帆船》刊有照相机发明不久后拍摄的晚清汉口港照片。港口的帆樯林立，十分繁盛。

汉江发源于陕西省西南部，在汉口注入长江，是长江最长的支流。其航道内有许多浅滩，故汉水船的吃水常不超过 4 尺。汉水是长江流域与我国西北地区的重要交通线。清代汉口的茶叶输往西北和俄国，即利用汉水。《清史稿·食货志五》记有：“汉口之茶，来自湖南、江西、安徽、合本省所产，溯汉水以运于河南、陕西、青海、新疆。其输至俄罗斯者，皆砖茶也。”汉口帆船，大多尾部高耸，舵柄在尾楼子的上方，其舵是适应浅水航道的，其航线主要是在汉水。

「汉口帆船(采自路易斯《中国帆船》)」

适应长江航道的汉口—沙市一线的帆船体型较大，由汉口到洞庭湖以及在洞庭湖区域航行的有大型四桅货船。湖南麻阳子船，是航行于湖南沅江到洞庭湖一带的客货船。沅江属浅水急流航道，上水航行时经常要拉纤。

「汉口-沙市一线的大型帆船」

自汉口沿长江而下，就到达长江中游另一个航运中心——九江港。九江处于襟江带湖的有利地位，上通川楚，下至苏杭。

九江古称柴桑，江北则为浔阳，宋元时称江州。历史上即为造船重镇。据《九江港史》所述，泊于九江港的船型多达 50 多种。九江客船、九江货船为代表性的客货船型。

「洞庭湖大型四桅帆船」

九江的货运以漕粮、瓷器和茶叶为大宗。清代顺治年间，江西岁运漕粮达40万石，以后尚略有增加，其中相当部分要经九江或鄱阳湖的湖口由长江外运。

景德镇的瓷器自康熙年间的恢复，到乾隆、嘉庆年间又有很大发展。除每年解京御瓷数万件之外，销路以湖广为最多，其次为关东、天津等埠，再次为上海及宁波。运销北方和长江各埠瓷器，通常在景德镇先装上小船，经昌江运至饶州府波阳

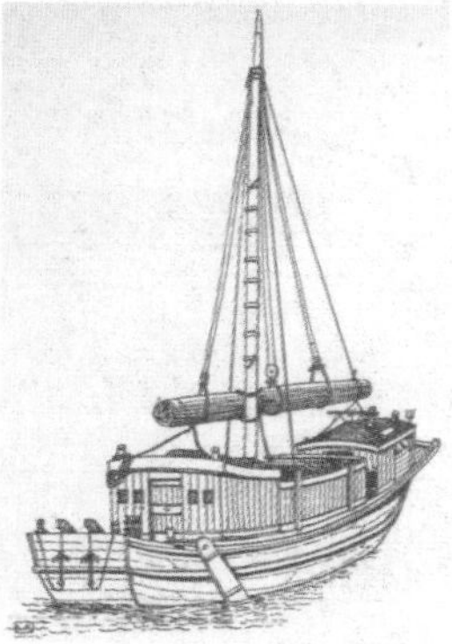

「九江的客船」

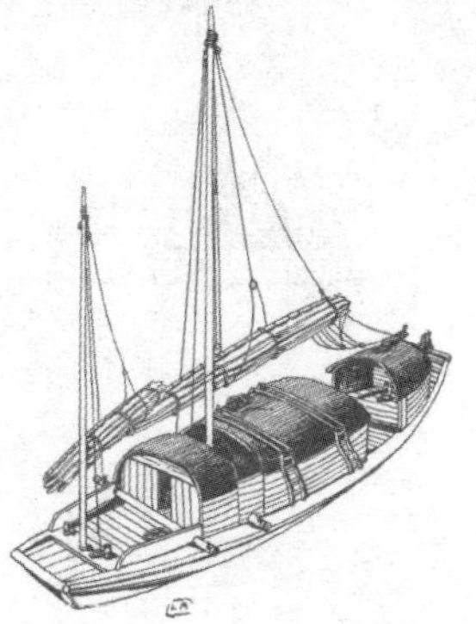

「九江的货船」

「芜湖——镇江间单桅客船」

县（即鄱阳县），在波阳县换装大船，经鄱江入鄱阳湖出长江销往各地。若在秋冬之季，昌江、鄱江水道极浅，则须改在鄱阳湖内龙口地方换装大船，再进入长江，然后出湖口直航销地，或运至九江集并，再转运各地。

江西茶叶的运销途径有二：一是经汉口销往西北或俄罗斯；一是经上海销往欧美各国。大多要在九江集中后由长江运往汉口或上海。

航行在芜湖到镇江间的客船，甲板较宽敞，在甲板上设有客舱。此类船吃水不深，每舷均设有两块披水板，用来抗横漂。

◉ 大运河的运输船舶

在清代，大运河的漕运始终是京师地区军需和民用的重要来源。

《清史稿·食货·漕运》记载："每岁额征漕粮四百万石，其运京仓者为正兑米原额三百三十万石。""各省漕船原数万四百五十五号，嘉庆十四年（公元1809年），除改拆分带坍荒裁减，实存六千二百四十二艘，每年修造十（分之）一，谓之岁造。"每年要修造624艘漕船，仍旧在设于淮安的清江船厂和设于山东临清胡家湾的卫河船厂完成。"查验之法九：一验木；二验板；三验底；四验梁；五验栈（舷侧板）；六验钉；七

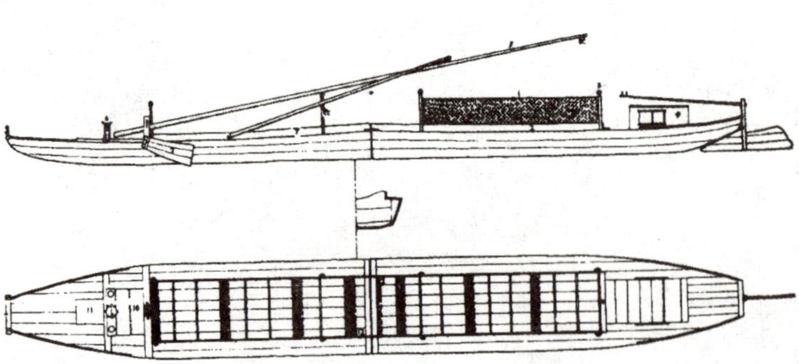

「大运河漕船"两节头"」

验缝；八验舱；九验头、梢。”

大运河的漕船仍按旧制，在清代较有创新性的船型为“两节头”，该船船体长 100 尺，加上舵则总长达 107 尺，宽 11 尺，船深仅 3 尺。其船的特点是在构造上分成两段，用铁铰链在接头处可方便地连接或脱开。这是由于河道太浅，想增大船的载重量，只能增大船宽和船长。该船的宽与深之比为 3.6，长与宽之比已达 9.7，均接近极限。由于船身过长，在狭窄的河道中难以调头和回转，因此设计者将其分为两段，需调头时将铰链脱开，则十分方便。这种船型并非清代首创。据研究，远在公元 11 世纪的宋代，大运河、淮河就曾有类似的“对连划”用于漕运。它的长宽比超过 7.5，宽深比也较大。此种船型阻力小，航速快，载货利用率高，但缺点是节点强度差，抗风浪能力较弱，因而只适用于大运河以及内河支流。清代的“两节头”其长宽比较前代更大。“两节头”的前进主要靠撑篙和拉纤，为此设有高度为 60 尺的桅杆。为了在河道中操纵船的航向，该船还设“首招”长 40 多尺，尾招长 60 多尺。

清代在南北大运河最吸引人关注的航船，当属乾隆皇帝多次下江南时乘坐的御船。

北京故宫博物院收藏的《乾隆南巡全图》，其中就绘有乾隆皇帝下江南时乘坐的御船“安福舻”。在图集中“安福舻”的构图虽然算不上精美，但基本符合透视原理，对于该船船体和上层建筑的格局也表现得很清楚。因而不仅生动耐看，还为复原设计提供了很好的样本。

「《乾隆南巡全图》所绘南巡船图样（采自故宫博物院）」

北京市通州区，为弘扬运河文化以及发展旅游事业，确定复原设计建造仿清代乾隆御船“安福舻”以及相关

「仿乾隆御船“安福舻”停泊在运河码头」

「以“安福舻”为首的仿古船队在传递北京奥运圣火」

的另两种船型——漕舫船和漕船，从而构成运河中的一个船队。仿古船队的设计原则是，在外观上尽量与古船相一致，而船体内部可以按着当前的需要进行布置，例如设置了柴油发动机并设有机舱。在构造上，外观全用优质木材，而主体构造则用钢材，即所谓木包钢。我校造船史研究中心于2007年应邀承接了“安福舻”等一个仿古船队的复原设计任务，并在很短的时间内顺利完成。这一仿古船队建成后的第一项任务就是在南北大运河的通州段传递北京奥运会的圣火。在通州区和有关造船企业的合作下，船队中的漕舫船（2艘）和漕船（3艘）已在同年底先期下水、建成。仿古船“安福舻”则于2008年4月下水。

以“安福舻”为首的仿古船队在传递北京奥运会圣火时的场面甚为壮观。

◉ 从《姑苏繁华图》看清代的内河船舶

《姑苏繁华图》的作者徐扬，是平民出身的宫廷画师。据《苏州府志》和《吴县志》记载：徐扬，苏州人，世居阊门专诸巷，擅长绘制山水、梅花和界画，并参与《苏州府志》的纂修。该府志卷首所刻十余幅地图，署名“候补主簿徐扬绘”。乾隆十六年（公元1751年），乾隆帝第一次南巡时，监生徐扬被招为宫廷画院供奉。因其艺术精深，获乾隆帝赏识，曾多次随驾南巡。乾隆二十四年（公元1759年）乾隆帝二、三次南巡期间，徐扬绘制了这幅《姑苏繁华图》。

《姑苏繁华图》画幅尺寸为 1241 厘米 × 36.5 厘米。描绘的是乾隆年间苏州城郊春天的景物与城内市井的繁荣。画中有山河、楼阁、城垣、桥景、舟车、花鸟树木以及市井百业。画中共有画舫、官船、客船、货船、渔船、舢板、蓬船、渡船、筏及远景船舶近 10 类 432 艘，历来为船舶史研究学者所偏爱。

在《姑苏繁华图》中，两艘往返太湖与江浙间的大型双桅客货船形成了画面的焦点。船舶所在的位置为木渎码头，自古就是苏州航运的门户港，是从江浙而来的各种船舶的集散地。顺胥江西行，便抵达苏州西郊的水陆必经之地胥门枣市街。胥门外舟船云集，有官船、大型客货船、农船、渡船往来穿梭。这里是《姑苏繁华图》中船舶汇集的第二个高峰区，也是舟船最为密集的河段。

「航行和停泊在木渎古镇的船舶」

「胥门码头一带的船舶」

《姑苏繁华图》经过一段城内的描绘，又重新回到它的主轴线——大运河上，苏州城东北的阊门北码头处，运河、枫江、山塘河、平门河和内城横河五水交汇，阊门桥下帆樯林立，形成图中船舶聚集的第三个高峰区域。

「阊门北码头一带的船舶」

再向东北行进，沿山塘河，经半塘桥、普济桥直抵虎丘。《姑苏繁华图》收笔于斟酌桥边云岩寺，

「虎丘山下的大船」

云岩寺耸于虎丘山。暮鼓间，三条大船静泊于寺外。

《姑苏繁华图》所绘可以明辨的大小船舶四百多艘，是全图的描绘重点，有船舶的场景占到全图尺度的 3/4。画面虚实有致、动静有别、行止不一、航态各异。不仅具有极高的艺术价值，还具有极高的文物价值。18 世纪大运河的繁忙水运，江南名城苏州的繁华盛世，因此而定格下来。

◉ 上海沙船业的形成与发展

沙船的历史可追溯到南宋时期名为“防沙”、“平底”的战船，不过确认“沙船”之名，则始见于明嘉靖年间。

康熙二十二年（公元 1684 年）开放海禁，南北沿海航路畅通，沙船聚集地由苏州管辖下的浏河口逐渐外移到在上海的吴淞口。到了乾隆年间，上海的沙船已是“轴舻相衔，帆樯比栉，不减仪征、汉口”。到了嘉庆年间，更是“帆樯如栉，似都会焉”。“其海船帆樯足以达闽、广、沈、辽之远，而百货集焉”。沙船聚于上海，约三千五六百号，其船大者在官斛三千石，小者千五六百石。清代每年有大量的大豆、豆油、小麦等经由牛庄、天津等港南下上海，转口入长江西运，又有大批棉布、丝绸、茶

「泊港的沙船群(采自《中国帆船》)」

叶、糖等由上海转口北运。沙船南下时以大豆为大宗，故有“豆船”之称。沙船北上时以棉布为大宗，《长江航运史》说：“沙船之集上海，实缘布市”。

「沙船（侧视）图」

不过，与大运河水运类似，沙船的沿海航运也常受水深限制，为增加单船的载量，必须加大船的长度，导致长与宽之比值较大，只有采用多桅多帆，才能保证速度。

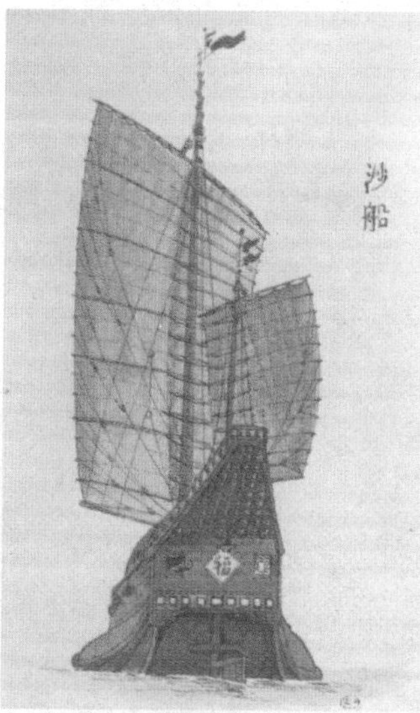

「沙船（尾视）图」

周世德在20世纪60年代，曾对当代沙船进行过调查研究。沙船的尺度比值略如以下：长宽比 L/B=3.6-5.1；长深比 L/H=8.0-15.6；宽吃水比 B/T=2.7-5.8；深吃水比 H/T=1.1-2.1 长吃水比 L/T=13.8-21.1。由于沙船船长相对较长，而吃水较浅，在受到侧风吹袭时，会产生横漂。为此不得不在沙船中部两舷均设披水板，遇侧风时在下风舷放下披水板，可以避免或减小横漂。披水板为我国所首创，非常适用于长江口以北的浅海航线。荷兰沿海水域也较浅，荷兰船也创造了类似披水板的属具叫做“下风板”（lee board）。据研究认为这是东西方两个国家在类似的海域对船舶属具做出各自的发明，这当然也是一种趣闻。

为了减缓船舶在风浪中的摇摆，我国早在宋代就发明和实际应用了“减摇龙骨”，现代船舶称它为“舭龙骨”，而清代著作《江苏海运全案》将

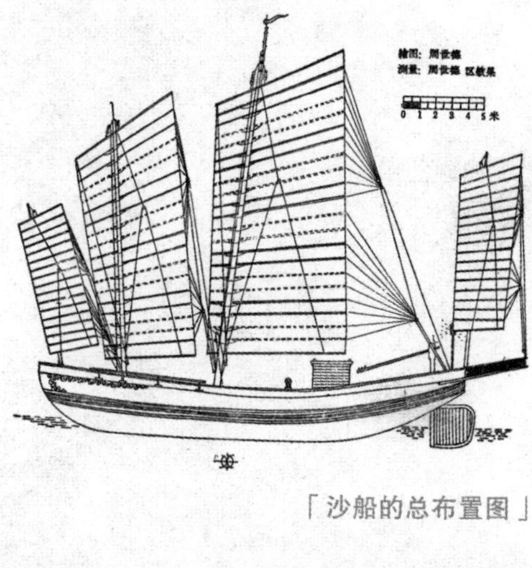

「沙船的总布置图」

「沙船的模型图（采自嘉兴船文化博物馆）」

其称为“梗水木”。《江苏海运全案》写道：“凡造沙船，多用整木，取其坚固。每逢夏日，将船曳于坞内，先刮去船底及两旁尘垢，后用油灰麻皮捻之，抹以桐油，谓之上高坞。其省者但于沙滩上，加涂桐油，谓之抹水油。然每年之间，必须上高坞一次，以修葺之。”

为了减缓船舶在风浪中的摇摆，在沙船尾部的两舷还要各加设一只“太平篮”。《江苏海运全案》记有：“太平篮以竹为之，中实以石。船行海洋或有风波，则以篮寄于水中，俾舟无荡。”

道光五年（公元 1825 年），“洪泽湖决，漕运梗阻”，江苏巡抚陶澍策划海运漕粮百六十余万石，并亲赴上海筹顾商船，体恤商艰，群情踊跃。《清史稿·陶澍传》记有：“（道光）六年春开兑，至夏全抵天津，无一漂损者”。清末重开前代海运漕粮之策，沙船发挥了重大作用。航商

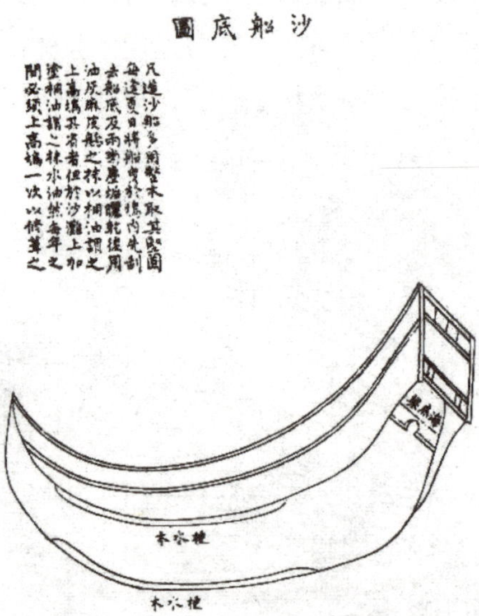

「绘有“梗水木”的沙船底图（采自《江苏海运全案》）」

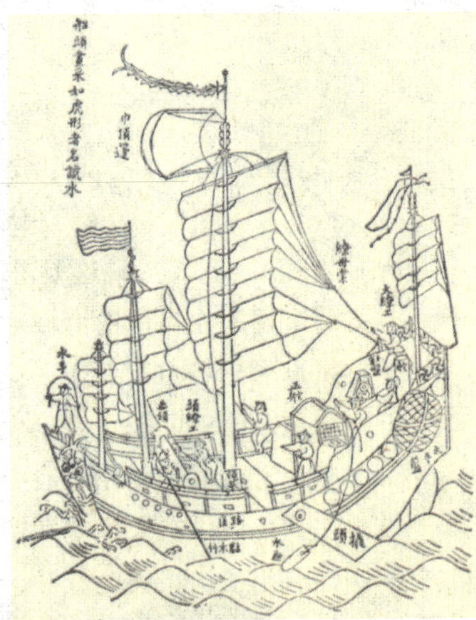

「设于沙船尾部两舷的“太平篮”（采自《江苏海运全案》）」

也获得了显著的经济效益。海上漕运是上海沙船业在鸦片战争前的道光年间得以充分发展，常年保有2000艘的水平，总吨位约为37万吨。

长江轮船业的兴起与发展

◉ 安庆内军械所与“黄鹄”号轮船

安庆内军械所是由曾国藩亲自建立于1860年的中国第一座仿造西洋船炮的军工厂，造船一事由徐寿、华蘅芳领衔。曾国藩认为：“欲求自强之道……以学做炸炮、学造轮舟等为下手功夫，但使彼之所长，我皆有之，顺则报德有其具，逆则报怨亦有其具。”由此可见，创立安庆内军械所的目的是“师夷之长技以制夷”。

1864 年湘军攻陷南京后，军械所迁往南京，改建为金陵内军械所。1866年春，徐寿、华蘅芳所造轮船在南京下关试航成功，顺流速度为225里每8小时，逆流速度为225里每14小时。曾国藩赐名“黄鹄”。

“黄鹄”号轮船的建成象征着中国帆船时代的行将结束和近代轮船时代的到来。掌握西方先进科学技术中国近代科技人员在仿造西方轮船工作中开始崭露头角。

◉ 江南制造局与江南船坞

清朝同治四年（公元1865年），曾国藩、李鸿章在上海创办江南制造总局，主要是制造枪炮借充军用。公元1868年，总局制成中国第一艘木壳兵船“恬吉”（后改为“惠吉”）号。由于制造局成立时本无造船的打算，局内洋员又缺少造船技术，造船业务不占主要地位。公元1870年李鸿章调任直隶总督兼北洋大臣后，局务一任洋员主办。公元1885年以后，清政府即下令该局停止造船。直到1905年局坞分立，竟长期荒芜达二三十年之久，实堪称近代造船史上的悲剧。

「江南机器制造总局大门」

1905 年 4 月，船坞从制造局独立出来，成立江南船坞。由于在经营上采取了商业化的运作，为江南船坞带来了生机。自局坞分立到 1911 年辛亥革命止的 6 年间，江南船坞累计造船 136 艘，总计排水量 21040 吨，修船 542 艘。还提前还清了局坞分立时所借开办费白银 30 万两。

「江南船坞建于 1912 年的长江客货轮“江华”号」

1912 年江南船坞建成大型长江客货轮“江华”号。船舶总长 103.6 米，水线长 100 米，型宽 14.15 米，型深 4.5 米，吃水 3.95 米，排水量 3774 吨，载客 384 人，载货 2321 吨。航速 22.2 千米每小时。该船后来曾被改建，前后营运了 60 多年，充分显示了它卓越的技术性能。

「造船专家叶在馥」

1912 年后，江南船坞改称江南造船所。该所于 1918 年建成船长 59 米、载重 330 吨、载客 200 余人的川江客货船“隆茂”号，试航速度达 13.79 节。川江滩多流急，对船舶的操纵性要求严苛。“隆茂”号不仅航速快，能自行上滩，而且操纵灵活，受到川江航运界的欢迎。在 1919—1922 年的 3 年间还建造了同型船 10 艘。“隆茂”号的设计人是留英归来的中国造船专家叶在馥，“隆茂”号川江客货轮的成功，被认为是中国造船工作者的“杰出创造”。

据统计，自1905—1937年，江南造船所共建造各种舰船716艘，总排水量21.9万吨。在这22年中，该所建设规模逐渐扩大，修造舰船不仅数量大，技术水平也较高，从而成为中国近代船舶工业的主要基地。然而在1937年日军侵占上海之后，竟委三菱重工株式会社经营管理，后来还改称三菱重工江南造船所。

◉ 抗战时期长江大撤退中的民生轮船公司

从1937年7月到1938年10月，我国华北、华中、华南共13个省340多座城市沦陷于日寇手中。国民政府宣布迁都重庆，华北、华中、华南等地的机关、学校、工矿企业纷纷向四川搬迁。

从水路进往四川的货物必须经过宜昌，而川江往上，航道狭窄弯曲，滩多浪急，暗礁林立，不能通行1500吨以上的轮船，也不能夜航，因此，所有上行的轮船，必须在此等待换载川江的大马力小型船。可当时距离川江枯水期只有40天了，而且轮船奇缺，枯水期一到，水位下降，运载大型机器设备的船根本无法开航。一旦日寇进犯，必将沦落敌手。

「民生轮船公司负责人卢作孚」

在这个危急时刻，川江航运巨头、民生实业股份有限公司的负责人卢作孚挺身而出。赶到宜昌连夜召集各轮船公司负责人和船员开会，制定出在40天内运完撤退人员和物资的详细计划和具体措施。他们将长江上游宜昌至重庆的航线分为3段，每段根据不同的水位、地形来调整运力和船型。这种航行虽然麻烦，运输成本增高，但却保证了枯水期间长江上游的正常运输。

这样，每天清晨都会有五六艘装满人员、物资的轮船离开宜昌，每天下午又有同样数量的空船开回宜昌。大家天天看到有轮船开进开出，转运效率大为提高，人心逐渐平稳，撤退秩序正常了。

卢作孚，一个只有小学学历的人，曾经做过算术老师、国文教员、《川报》记者、主笔、社长和总编，还曾经创办过成都通俗教育馆和西部科学院。一个麻布贩子的儿子创立了领中国私营企业潮流之先的民生公司，统一四川航运交通，在抗战时期竭尽全力完成了“中国历史上的敦刻尔克大撤退”。

现代人这么评价卢作孚：卢作孚的影响绝不仅仅是因为他一手创建了声誉卓著民生轮船公司，也不仅仅因为他在四川乡村建设和通俗教育上的成就，而是在那样一个混乱且充满阻力的时代不断抗争、妥协、融合，最后取得成功而且受到人们的尊敬。

◉ 新中国成立初期造船业始于修旧利废

「长江中下游大型班轮“江华”号」

「长江中下游大型班轮“江新”号」

新中国成立之初，百废待兴。加之工业基础薄弱，造船业是从修旧利废、改建旧船开始的。如“江华”号被改造为“东方红 5”号。1905 年建成的“江新”号改名为“东方红 3”号。1948 年在长江口被炸沉的“兴亚”轮也被打捞出水并加以修复，更名为“东方红 8”号。

此外，为发展内河航运，我国还建造了一大批内河拖船驳船和机帆船。为配合航道疏浚和水利建设，也建造过一批挖泥、抛石等工程船舶。

20 世纪 50 年代初，为缓解京沪铁路运输的紧张状况，曾建造了南京至浦口的渡江火车轮渡“上海”号和“金陵”

号。这些渡船长约110米，可载20余节车厢。

1954年设计建造了以柴油机为动力的申渝线川江客货轮“民众”号。该船载客936人，载货500吨，首次采用我国自己设计的电动液压舵机。“民众”号的设计师为我国留英、留德归来的中国造船专家张文治，在1962年召开的中国造船工程学会第一次全国会员代表大会上他当选为理事长。

「长江中下游大型班轮“江亚”号」

「南京下关至浦口的过江火车轮渡」

「造船专家张文治」

「川江客货轮“江陵”号」

1955年又设计建造了“江蓉”、“江陵”等5艘川江客货轮，首次采用U型首部横剖面并配合以大弧形折角线，造型美观，速度也有所改善。

◉ 长江流域的客船、旅游船以及货运船队

1971年，轮船总公司所属青山船厂设计并建成申渝线中型客货船“东方红38”号。这是在“江蓉”型客货船的基础上，船长增加5米，每层

「青山船厂设计建造的申渝线客货船"东方红 38"号」

「上海船厂设计建造的"东方红 11"型长江中下游客货船」

可增加 4 等客舱两间，可增加乘客床铺 48 个，全船可多载客 192 人，从而使载客人数增加到 970 人。鉴于该船的适用性和经济性较好，1973 年第六机械工业部与交通部联合召开八型民用船舶定型会议，"东方红 38"号作为定型船舶，由中华造船厂、武昌造船厂等批量建造 13 艘。

20 世纪 70 年代初，上海船厂设计并建成长江中下游大型客货船"东方红 11"号。该船总长 112 米，型宽 16.4 米，舷伸甲板宽 19.6 米，吃水 3.6 米，排水量 3680 吨。航速 30 千米每小时。额定载客人数为 1186 人，载货量 450 吨。这是当年长江上尺度最大的客货船，颇受广大旅客欢迎，是武汉与上海区间广大职工出差、探亲、商务、旅行的首选。该船在经营中经常超员，在途经安徽省安庆—芜湖一带时每个航次都会有散席旅客登船。笔者亲历的一次是在船旅客达 2300 人，为额定人数的 194%。客船所携带的洗用水告罄，临时泵入的江水来不及澄清呈淡黄色。经 1973 年经两部八型民船定型会议确定为定型船舶共建成近 20 艘，为改善长江中下游客运状况作出重要贡献。

在实行改革开放政策以后，除正常的航船外，长江旅游船也发展迅速。

关于长江旅游船，首先要提到 1958 年建成的"昆仑"号，这是长江第一代旅游船。改革开放后，重庆东风船厂于 1981 年建成了长江豪华旅游船"神女"号，船长 68.5 米，宽 13.2 米，标准客房床位 66 人。1982 年更建成船长为 79.0 米的豪华旅游船"三峡"号，载客 100 人。1984 年东风船厂又建成"巴山"、"峨眉"和"隆中"号长江旅游船.重庆东风船厂设计建造的“西陵”号旅游船，设特等舱2间、标准客舱80间，可载客162人。这些船采用了我国最新研究成功的“双尾型线”。

「长江豪华旅游船“西陵”号」

武昌造船厂继1984年设计建造成功船长为84.5米“扬子江”号豪华旅游船之后，更在1991年建成船长为85.8米的“扬子江乐园”号。这一船型由长江船舶设计院设计，采用了“双尾”型线，速度大为提高，可达31千米每小时。

「“蓝鲸”号长江旅游船外观造型成全封闭式」

“蓝鲸”号是代表性的长江大型豪华旅游船，由长江船舶设计院设计，由武汉青山船厂建成并于1995年正式投入营运。

“蓝鲸”号总长91.5米，型宽14.8米，型深3.7米，设计吃水2.5~2.65米，排水量2004吨，最大设计航速32千米/时，载客246人。该船按旅游宾馆五星级标准设计，采用中央空调系统，设有带专用卫生设施的双人标准客房，另设总统套间。“蓝鲸”号的娱乐健身设施齐全。设有开阔的可通达两层甲板的舞厅。还有大型宴会厅、健身房、酒吧和商品服务部。除旅游、娱乐、健身功能之外，“蓝鲸”号还可以接纳中型国际会议。该船设有60座位的国际会议厅，带有4种语言的同声翻译设备、多媒体设施等。

「长江大型分节顶推船队」

「8000吨级的江海直达集装箱船」

继“蓝鲸”号之后，更有多艘五星级豪华旅游船问世。随着三峡工程完工，长江上游的航道条件大为改善，长江旅游业发展前景无限。

对于长江货运来说，长江分节驳顶推运输则是一种新型运输方式。推驳船队由一艘推轮和若干专用分节驳组成。其主要特点是驳船无人、无舵、无护舷，船队纵向采用连接装置，横向采用缆绳系结方式，以整齐排列的分节船进行整体顶推，替代普通驳船的吊拖和梭顶，使分节驳船队完全改变了原有形状，减少航行阻力，增加了载重量；其队形可分为单排式、双排式、多排式等，具有操纵性能好、抗风力强、投资省、营运成本低等优点，适用于定点、定航线的大宗散货运输和液体货运输。长航局开展适合长江各航区特点的分节驳顶推运输方式的研究和试验，使分节驳顶推船队在长江兴起，实现了长江拖驳运输方式的飞跃。

在改革开放的大潮中，长航局开始引进西方发达国家的先进设备和技术，并与美国德拉孚公司合作，引进先进的大型船队。1981年11月2日，由“长江6004”轮顶推16艘2000吨级分节驳，即32000吨船队从武汉驶往上海。世界最先进的大型顶推船队引进成功，这是当时长江船舶运输史上最大的船队。

开展长江货运的另一种发展模式是发展江海直达运输。有液货船、杂货船和散货船，近年集装箱船发展迅猛。图示为8000吨级江海直达集装箱船。由于南京长江大桥净空高度的局限，长江货运船舶的吨位难以有较大的突破。

◉ 长江航运的未来愿景

改革开放30多年以来，长江航运的发展突飞猛进，但是随着改革开放的不断深入，长江航运在快速发展的同时，仍然存在着诸多矛盾与问题。长江航运的领导机关全面分析长江航运的现状、主要矛盾和面临的挑战与机遇，明确了长江航运的总体目标，即到2020年实现长江航运现代化，形成拥有世界先进水平的航运基础设施、装备和服务体系，适应沿江经济社会发展需求并适度超前，比较优势充分体现，黄金水道的优势充分发挥，确定了打造“四个长江”，全面推进长江航运现代化的战略方针。

到2020年，形成安全、畅通、便捷、高效、经济的长江航运网络和运输体系，适应流域经济社会发展需求并适度超前。“四个长江”的全面建成，长江航运现代化的总体目标圆满实现，主要表现在：

——干线航道大规模系统治理基本完成，5万吨级海船通达南京，万吨级船队通达重庆。重庆至富水建成二级航道。

——长江水上交通安全监管、治安防控和应急反应系统实现全方位覆盖、全天候运行，有较强的立体搜救和快速反应能力。

——航运结构不断优化。基本完成长江干线船型标准化，干线货运船舶平均吨位达到1400吨，港口布局和结构合理、功能完备，专业运输体系趋于完善，航运运行质量和效率显著提高，与其他运输方式互为补充、衔接顺畅，现代长江物流蓬勃发展，长江航运竞争优势充分体现。

——长江航运信息化体系较为完善，基本实现智能航运。

长江航运管理体系更趋完善，自主创新能力显著增强，政策法规体系完备，具有一流的船东满意度和职工幸福指数，行业文明和文化建设成效显著，全面形成和谐长江的良好局面。

长江航运这艘巨轮将乘着强劲而激越的春潮，驶上春光灿烂的美好未来！

下篇：桥梁

桥梁之奇在于跨越，桥梁之美在于造型。无论以什么角度看待桥梁，总是那么迷人。长江之伟大在于她的胸怀，她不但负载一叶扁舟、一艘巨轮，更包容万千古今桥梁。今日千姿百态的长江桥梁建筑不仅表现出卓越的交通功能，更给人们以美的享受、快乐与满足。

亘古走来：桥梁渊源

现在我们已经很难弄清楚人类在何时何地有了第一座桥，就像弄不清第一条路的诞生一样。

道路，也许是伴随人类的第一声啼哭就诞生了。你蹒跚学步时，走的难道不是一条路吗？道路的发展和演进是人类文明发展史的重要组成部分。

羊肠小径，曲折蜿蜒，当这条路需要跨越沟堑或河流时，人们就产生了对桥的需要。

桥，其实就是一段填空补缺的路，不过，它不是平地上的路，是架在空中的路。

桥架在山谷，从此山到彼山。它帮助人类跨越山谷，联结了此山和彼山；桥架在江河，从此岸到彼岸，它帮助人类跨过江河，联结了此岸与彼岸；桥，说到底是一种跨越和联结的路。

因为人类需要桥，所以就有了桥的诞生。

群山巍巍，江河滚滚，江山如此多娇！然而，山是对人的封闭，水是对人的困阻。山山水水把世界分割成一个个狭小的村落，把人类闭锁在互相阻隔的乡土。

桥帮助你克服封闭和阻隔，帮助你把那一小块地方和广大的世界联系起来，帮助人类实现那个永无止境的跨越之梦。

对于我们这些生活在21世纪的人来说，桥常常是一种投入大量人力物力，凝聚着许多智慧和劳动的宏大建筑物；但是，在原始人类的眼里，桥却是一种非常简单的大自然的产物。

一棵树被风刮倒，如果它碰巧横在江河之上，两山之间，瞧，这就是一座桥了。民间一般称它为“独木桥”，后来人类有了对桥的分类，它便被称为“梁桥”。

「云南佤族独木桥」

虽然桥梁的外形千姿百态，然而，它却只有四种基本类型，即梁桥、拱桥、悬索桥、浮桥。我们能够建造的所有桥梁，都是这四种基本类型的延伸和发展。有的现代桥梁看上去可能很复杂，但也不过是一种或几种类型的结合和演变。

中国在许多方面向人类贡献了无以伦比的文明成果，在世界桥梁史上也写下了最辉煌的篇章。按时间顺序大致可分九个时期，即：周秦时期、两汉时期、西晋隋唐时期、两宋时期、元明清时期、晚清时期、民国时期、新中国初时期、改革开放时期。

◉ 周秦时期

周秦时期，中国已进入封建社会，农业发展，手工业和商业活跃起来，桥梁也因此繁盛起来。贸易和战事都对交通提出了要求。

如秦国蜀守李冰在成都创设都江堰，使成都平原成膏腴之地，胜若江南，河道纵横。李冰在渠上多建桥梁，其最著者是成都七桥，上应北斗七星。

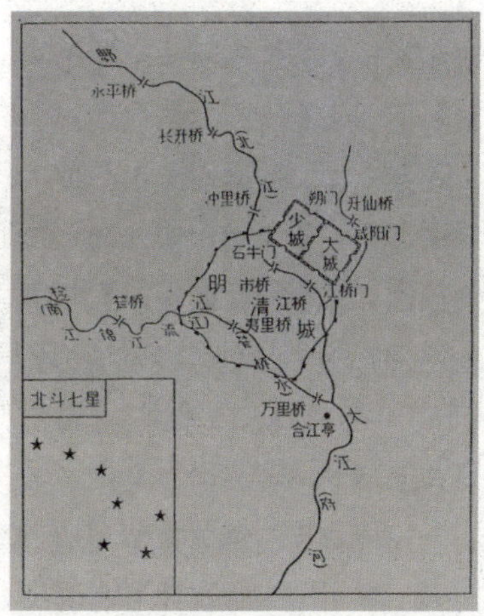

「秦李冰成都七桥图」

◉ 两汉时期

汉朝立国初期便和栈桥的建设有缘。相传汉高祖自汉中回兵时，曾令樊哙修道，并建成了樊河铁锁桥，若事属实，则西汉之初便开创了第一项以新材料造桥的记录。且命萧何留守汉中、通巴蜀，萧何修缮金牛道以运巴蜀的师和粮。栈道为汉开国立下功劳。

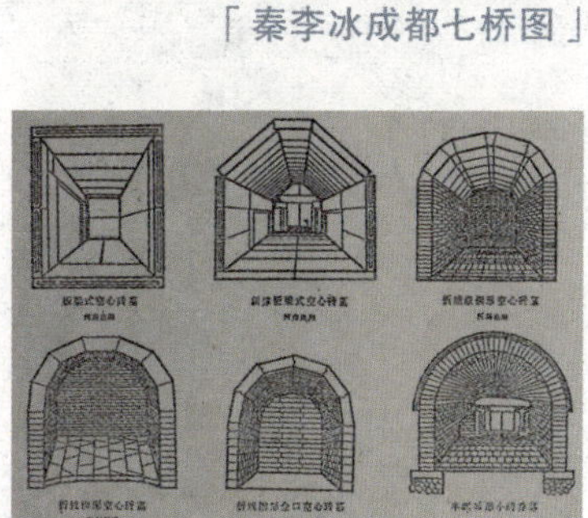

「中国汉墓砖拱演变图」

汉代继承了战国空心砖墓拱发展为圆拱，中国的拱桥是从圆弧拱（不是半圆拱）开始的，这也是汉代桥梁的特点。

◉ 两晋、隋唐时期

「浙江绍兴光相桥」

「苏州宝带桥」

当西晋盛时和东晋相对稳定的阶段，有些桥梁建设的记载。在浙江绍兴，东晋时建有一些石桥，如王熙之题扇的题扇桥、光相寺前的光相桥石拱桥等。

隋炀帝好大喜功，加上其宠臣宇文恺、何稠都是建筑能手，所以在长安造霸陵桥。大业元年（公元 605 年）造洛阳天津桥，开创用“铁锁维舟”的铁链浮桥。炀帝东征朝鲜，西讨西羌，随路造桥。后期政治荒废，因未在位时曾封于广陵（今扬州），故对扬州特别留恋，通运河，经汴泗下扬州。扬州在隋时便以二十四桥著名。二十四桥一说是二十四座桥梁。另一说是月夜炀帝与后妃游赏于桥上，共二十四人，故名二十四桥。以前者的说法为是。

唐朝在桥梁建设方面亦多建树。唐元和十一至十五年（公元 816—820 年）王仲舒在苏州捐带所建的宝带桥，虽屡经破坏和修缮，是唐朝原样，并根据清代碑记“属元和者十三”。桥多达 53 孔。

◉ 两宋时期

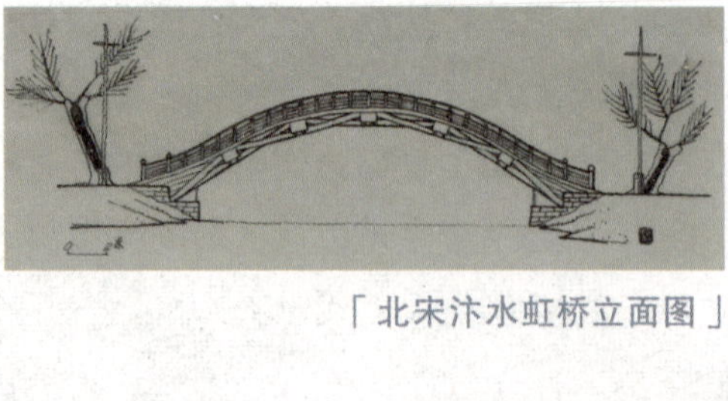

「北宋汴水虹桥立面图」

两宋时期，桥梁建造规模扩大，亦有所创新。如第一次出现了新颖的木拱桥，学术上权名之曰贯木拱。贯木拱首见于北宋画家张择端的《清明上河图》所绘宋代汴京虹桥。贯插众木成拱而无柱，可一跨过河，避免船撞。在世界桥梁史上唯中国有之。

◉ 元、明、清时期

在元朝，中国古代桥梁的构造类型基本上已经齐备，当然还有所改进。造桥的能力渐强，大部分木桥都用石桥代替。南方名桥中，宋建的吴江垂虹木桥，于元泰定二年（公元 1325 年）姚行满以 63 孔石拱桥代替之。

中国园林，取景于自然，取意于玄、禅、乐山乐水，因此桥梁众多，并且各种类型的桥梁都有、还加以集中，改观，具有园林的特色。今日所见都是明、清的园林。康熙、乾隆几代经营的圆明园，盛时有各类桥百余座。江南私家园林，或以石胜，或以水胜，或以花木胜，其桥梁亦往往各有特色。传到清代，鼎盛时期，全国桥梁数逾百万。

「北京颐和园玉带桥」

◉ 晚清时期（1876—1911 年）

18—19 世纪世界工业革命兴起，促进了钢铁业大发展，火车和汽车的相继诞生，带动土木工程飞速发展。数学、力学等科学技术发展和在土木工程中的应用，促使土木结构建造脱离了古代仅凭朴素简单的力学概念和经验的历史。土木结构建造须由规划、计算分析、设计、机具设备架设（装配）等程序完成。钢材、水泥的发明与应用，可以按其构想而随心所欲地建造出不同形式的土木结构，由此，产生了现代土木结构。桥梁结构受其影响最为深远，在结构类型的选型和跨度上均发生了质的飞跃。欧洲现代桥梁建筑的理念和技术随着帝国主义列强对中国的入侵，在清末进入中国，中国近现代桥梁的起始于此。近现代桥梁在我国的发展至今仅有 100 多年的历史。

「詹天佑」

晚清时期，清政府开始对建设铁路持抵制的态度，但终因运煤的需要，不得已同意开始修建铁路，并在铁路线上修建桥梁。以此而一发不可收，在35年间修建铁路桥梁6000余座。

晚清期间的铁路桥梁大多是由外国人设计、监造的，极大地抑制了中国人自己的发展空间。在洋务运动的推动下，我国派出一批优秀青少年出国学习现代科学和技术，其中詹天佑亲自参与了铁路和桥梁建造工作。1905年他主持修建的“京张铁路”取得了巨大成功，他领导下的工程师们独立自主地建成了怀来大桥等，开创了中国人自己设计修建现代桥梁的历史。

◉ 民国时期（1911—1949 年）

民国之初，孙中山先生就积极倡导修筑铁路、公路，促进交通发展。1912 年，他在江苏江阴县一次各界欢迎会上说道：“要中国的交通上的便利，须从马路做起。”民国期间铁路的修建促进了桥梁的发展。

「杭州钱塘江桥」

北洋军政府时期（1911—1927年）大约修建了 4000 千米铁路。国民政府时期（1927—1949 年）大约修建了 3000 千米铁路。1911—1949 年间共修建铁路桥梁 7000 余座，其中最让国人引以自豪的杭州钱塘江公铁两用桥由茅以升、罗英两人主持修建。后因抗战爆发，为防止日本侵略者利用该桥，国民政府下令炸毁刚刚建成的大桥，茅先生不得已，将一部分关键节点桥孔炸垮，部分钢梁坠落江中。后经整修可以运营，1949 年国民党军队为阻止解放军的进攻，又炸毁两孔钢梁，大桥桥身弹痕累累。大桥先后四次被炸。中华人民共和国成立之后，对其进行了大规模整修，恢复了原貌。

钱塘江桥建设历经坎坷和波折，充满了传奇色彩。钱塘江桥是中国桥梁建设的一个重大成就和里程碑。在当时世界桥梁界争得一席之地。

那个时期，桥梁工程中逐渐锻炼培养了一部分有才华的工程技术人才，拥有了建造桥梁一般技术，积累了经验。茅以升、罗英、梅暘春、汪菊潜、赵祖康等是这个时期最具代表性的杰出的建桥专家。

「茅以升与唐寰澄」

「罗　英」

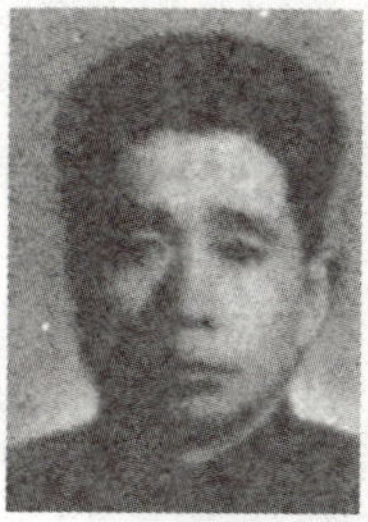
「梅暘春」

「汪菊潜」

「赵祖康」

◉ 中华人民共和国成立以后（1949—1979 年）

新中国成立后，我国掀起基础建设的高潮，铁路、公路，特别是高速公路修建，极大地促进了桥梁的发展，在需求中桥梁技术得到长足的进步。

建造万里长江第一桥——武汉长江大桥，引领大跨桥梁之先，实现了我国人民多年来梦寐以求的夙愿。1950 年铁道部就开始筹划建桥，1955 年 9 月 1 日开工建设，1957 年 10 月 15 日建成通车。大桥的建设得到了苏联专家的帮助，也集中了我国最优秀的桥梁专家、工程技术人员和技术工人。它代表着一个桥梁建造新时代的开始，在我国建桥史上里程碑的意义。

「武汉长江大桥」

◉ 改革开放新时期（1979 年—）

改革开放以后桥梁建设出现 10 年一个台阶的大跨越，即 20 世纪 80 年代是学习，90 年代是赶超，21 世纪前 10 年是创新。短短 30 年，我国从一个桥梁弱国发展成为桥梁大国，向着桥梁强国迈进。

20世纪80年代，我国在引进国外先进技术后，预应力混凝土技术得到较大地发展，一批T形刚构桥、连续梁桥、连续刚构桥陆续出现，跨径不断增加，设计、施工技术日臻成熟。

长江流域许多桥梁代表国家的建桥水平。1982年建成的，位于长江支流汉江上游的陕西安康汉江铁路桥，主跨达176米的钢斜腿刚构桥，为当时世界同类桥梁最大跨径。

「四川云阳县汤溪河桥」

「上海杨浦大桥」

「鹦鹉洲长江大桥」

1956年兴起于德国的现代斜拉桥，20世纪70年代在我国开始研发。1975年在成功建成第一座四川云阳汤溪河斜拉桥（主跨75.84米）之后，我国掀起了三波斜拉桥建造高潮。

20世纪90年代开始，长江流域的桥梁建设热潮如火如荼，不仅在干流，而且在许多支流上也建起美仑美奂的桥梁。长江流域的桥梁就像万国桥梁博览会展台，几乎涵盖了所有种类，代表着我国建桥技术的最高水平，用辉煌成就来表述一点也不为过。

21世纪第一个15年。我国的桥梁建设跨入了一个新的历史时期，迎来桥梁建设的第三个高峰期、创新期。融入现代世界建造桥梁观念，新的理念不断产生，创新的激情被点燃。桥梁界已不再满足于模仿建造大跨径桥梁，而是开始注重自主技术创新，力争不断在技术上有所突破，造出真正意义上的世界级桥梁，从此奠定桥梁大国的地位。

绝尘不湿：梁桥

桥梁是渡河或跨越沟谷障碍的建筑，在原始社会就存在。最早出现的人工建筑可能是踏步桥，然后是梁、桥、梁桥、桥梁。

自然界天然或人为的渡河、溪的办法可能就是“矼”，也就是在河中聚石为步渡水。今天我们还能在许多地方看见的汀（或作碇、矴）步（或作埠），俗称石踏步，跳墩子。不过，它严格地说不是桥，是梁或桥的起步。

「浙江泰顺仕阳汀步桥」

泰顺仕水矴步俗称仕阳矴步，位于仕阳镇溪东村。矴步共223齿，全长133米。石齿长1.78米，厚0.24米，露出滩面部分高0.7米。齿距0.6米。每齿由高低两级组成。高级长1米，采用斑白色花岗石。低级长0.78米，全部为青石砌成。低级抵住高级，一如桥墩的扶壁石撑以抵御漂流物撞击损害。矴步形如一字，齿形平整，可以3人并进，来往之间，足以互让。是泰顺最长最好的矴步。桥头有乾隆六十年（公元1795年）碑记。志称：“据传，原矴步在现矴步下游300米，弯形。共三百六十齿，毁于洪水。”清嘉庆二十五年（公元1820年）由巧匠汤正现主砌。现经修整，1989年被列为省级重点保护文物。

梁和桥是异名同义的两个单词。汉许慎《说文解字》释梁：“梁，水桥也。从木、水、刅声。”段注为：“梁之字，用木跨水，则今之桥也。”而“桥”则是：“桥，水梁也。从木，乔声，高而曲也。桥之为言趫也（善缘木走），矫然也。”

「浙江嘉兴国界桥」

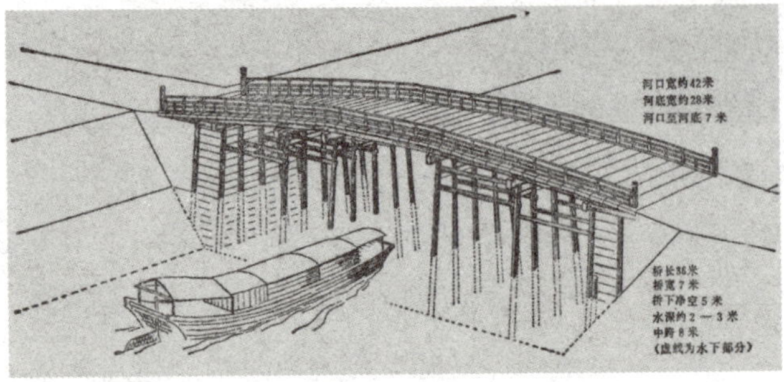

「江苏扬州出土唐代城壕木桥想象图」

秦以前，桥多半是梁桥。西汉以后，桥梁结构形式增多，梁桥不过是桥梁的一种。

春秋吴越相争，槜李是必争之处。《左传·鲁昭公三十二年》（公元前 510 年）：“越师阵于槜李。”今浙江嘉兴洪合乡，又称国界河乡。河上有“国界桥”为三孔石梁石柱桥。虽然它不是春秋时的原物，但亦被列为嘉兴市级文物保护单位。

梁、桥从木，最早的桥梁用树木作为建筑材料。20 世纪 70 年代后，全国陆续出土过一些桥梁遗址，如湖北江陵出土纪南城遗址，其南垣水门，发现古河道中有成排木柱。木柱下面有木板基础，经同位素碳 14 测定为春秋末期（公元前 480+75 年）木梁柱桥。江苏扬州亦出土唐代城壕木桥椿柱等。

上海青浦地处江南，昔称唐行镇，明置县治。其所属金泽、练塘等镇、庙桥众多，其中有两座楠木梁桥难得地保存至今。

金泽迎祥桥在金泽镇南市稍。昔有万寿庵，庵侧有桥，始建于元朝至元年间（公元 1335—1340 年），明天顺间（公元 1457—1464 年）重建。清乾隆三十三年（公元 1768 年）重修。桥共五孔，全长 34.25 米，宽 2.14 米，高 6.07 米。桥每墩为并列三石板柱，柱顶横搁长石梁。主梁为五根径 25~30 厘米楠木梁。其外梁外侧，全长竖贴水磨方砖以防雨。梁上密铺横枋板，用糯米汁石灰

「上海青浦金泽迎祥桥」

三和土胶甃侧砌青砖作桥面。构造防水严密，木历久不朽。

宋杨亿称南津桥“用楩楠之木”。现楠木古桥极为少见。经 1994 年实地考察，乾隆迄今 226 年，楠木色泽尚新，香味犹浓，实是桢楠。惜桥柱加宽不当，文物降级，似可更张，恢复原貌使文物可升级保护。

木梁桥垒石为墩似乎并不与石柱发生必然的联系。即是说，此不过是两种不同的桥梁下部结构形式，在不同场合、条件下的实践应用。然而历史记载分明有由柱向墩发展明说法。

很多古桥称梁桥，难以区分为木为石，或则经历过木和石梁。石梁较木梁强而耐久，但重不易举，因此桥跨一般只三四米，不超过 10 米，最长者约 20 米。需要更大的桥跨时得造石拱。

民间尚有很多石板和石梁桥。板和梁的区别，一般认为梁宽大于梁高的一定倍数（2 或 3 倍）者为板，否则为梁。也有以梁的厚度绝对值来区分，厚度在 25 厘米以上者为梁，薄于此数者为板。石桥宽度，一般自 80 厘米~2 米，以 1 米左右为普遍。且往往没有栏杆。村前宅后，搁石而过，或涓涓小溪，置石为梁，这些古朴的桥梁，亦有移植在中国园林之中。

「江苏苏州甪直古镇一步两桥」

单孔石梁桥两岸桥台做法和木梁桥基本相同，或为垒砌石桥台，或为并列石柱或石板，上联石横梁以搁石梁，柱、板背后砌石填土。为江苏苏州甪直古镇一步两桥单孔石梁，便是两种类型。

石梁石墩桥是梁桥的又一种结构形式。跨有大小，墩有厚薄。至少有两条石条宽度，多层横放垒砌的称石墩。石墩厚实，较耐水冲和船撞。

惠山寺前的金莲桥，是无锡市内现存最古老的石桥，建于宋，位于惠山寺御碑亭前，是宋代抗金名相、无锡人李纲修建的。距今 800 多年。

金莲桥造型古朴，优美匀称。长 10.7 米，宽 3.04 米，高 1.9 米，中孔跨度 2.83 米。为三孔石梁桥，每孔有 6 块石梁，两端为石砌桥台。桥

「江苏无锡金莲桥」

台两端有横帽石梁，雕有怪鱼首和螭首。桥两侧各有华版石，上承石栏，外侧雕刻宋代典型的“压地隐起缠枝牡丹间化生（童子）”图案，极为典雅华美，寓意富贵吉祥。石栏杆由莲花状望柱和透空栏板组成，雕有荷叶净瓶和拐杖，桥栏两端还有抱鼓石。虽历代重修，但结构未变，当年的石料有的还留在桥上，不过所剩无几，弥足珍贵。仅存莲花望柱、抱鼓石各一个，还有几块紫褐色原石桥面石。古今材质凑于一桥，风雨驳蚀。桥东西向架于金莲池上，原构件为紫色凝灰角砾岩质，部分已被更换成黄色凝灰角砾岩、花岗岩及青石质。

金莲桥得名于金莲池，唐代有位诗人这样颂吟金莲池“千叶莲花旧有香，半山金刹照方塘”。原池内千叶金莲，为南北朝时所种，只有庐山、华山和惠山三寺种植。传说服之能成仙，现在已经绝迹了。千叶金莲随风而去，金莲桥却千年留存。

木、石梁桥受制于材料的长度和强度，简支木梁，一般在10米左右，石梁则有20米者。当下为湍流、深谷，墩柱不易建设时，中国古代木桥有伸臂梁式的桥型。木伸臂梁可能是由简支木梁加单层托木演变为多层托木而产生的。在房屋建筑中便是斗拱构造。石伸臂梁，便为叠涩。

木伸臂梁利用木料，横直相间，层层挑出成为伸臂。两伸臂之间，搁以简支木梁。

四川甘孜波日木伸臂梁桥位于甘孜藏族自治州新龙县乐安乡境内，横跨雅砻江，气势雄伟、壮观。波日桥始建于清朝，由杰出的藏族建筑大师唐通吉布承担设计，他指挥工人在峡谷深涧、江水湍急的雅砻江上风餐露

「四川甘孜波日木伸臂梁桥」

宿几个月才完成。从侧面看，波日桥有着粗犷的圆弧桥拱，整齐美观的桥台，木榫完美契合的桥身，展现了神秘的雪域文化。

波日桥长 125 米，宽 3 米，孔径跨度 60 米，由桥身、桥墩、桥亭三部分构成。桥墩远看形如两个坚固的碉堡，全部用圆杉木、卵石、片石相间叠砌而成。两个桥墩中部，用 4 至 6 根圆木撑成拱形，圆木长度自下而上，逐步递增，形成两个悬挑臂，然后在悬臂上架梁、铺上桥板，再装上栏杆，构成桥身。桥墩上用石片叠的“伞”形结构，便是桥亭。最为称奇的是，当年整座桥没有用一颗钉、一块铁，每一个结合部均用木楔连接，原始而实用。

1930 年，西藏噶厦政府的军队从甘孜进驻新龙，为了战略需要，烧毁了城区附近的 6 座藏式伸臂桥。使原本就处于甘孜藏族自治州肚脐地带的新龙，更显得与世隔绝。

风雨飘摇中幸存的波日桥，成为当时人们出入新龙的交通要塞。由于超负荷使用，大桥破旧不堪，摇摇欲坠。1933 年，新龙甲拉西乡一位名叫莫特·亚马的藏族民间建筑师，临危受命，亚马率领藏族人民冒风雪顶严寒，通过几个月的努力，在保存历史原貌的基础上，将桥维修一新。

湘、桂、黔三省，特别是湖南省，有较多的多孔石墩木伸臂梁。木伸臂桥例有桥屋，已渐由原来保护桥木、加载平衡木伸臂梁的功能之外，着力变为建筑艺术品。特别是在侗族聚居的地方，桥屋还赋有市场功能，也是社会公共活动场所，具有特别淳厚朴实的地方民族色彩。

在这一带，这样的桥梁，以功能而言，总称为风雨桥；以形象而言，总称为廊桥或鹊亭桥；以装饰而言，总称为花桥。

「湖南安化镇东桥」

「湖南安化思贤桥」

「湖南安化永锡桥」

「广西全州饮虹桥」

湖南安化仍保存有3座称为鹊亭结构的木伸臂梁桥，即东坪镇的镇东桥、江南镇的思贤桥和洞市乡的永锡桥。镇东桥五孔，长三十丈（96 米），宽一丈四尺（4.5 米），高三丈六尺（11.5 米），始建于清光绪五年（公元 1879 年）。思贤桥亦五孔，长十三丈五尺（43 米），宽一丈三尺（4 米），高三丈（约 10 米），始建于清乾隆三十五年（公元 1770 年），咸丰四年（公元 1854 年）重建。永锡桥四孔，三十五间廊屋，建于清光绪四年（公元 1878 年）。一年树基，两年架鹊木，三年建廊，共前后历四年完成。这三座桥均已整修完整，它们的廊、亭、阁比较简单。

侗族散居在湖南、广西、贵州诸地。

飞鸾桥在广西全州，跨罗江。始建于宋。明嘉靖六年（公元 1527 年）为六墩七孔木伸臂梁，桥长四十六丈，覆屋三十七楹。明正德十三年（公元 1518 年）焚于火。清康熙十七年（公元 1678 年）重建。桥宽 6.2 米，最大跨径 14.9 米。

全州尚有饮虹桥，始建于清乾隆十年（公元 1746 年）、亦为七孔木伸臂梁。

广西三江亦为侗族自治县。程阳桥在古宜，跨林溪河，其始建年代不详，1917 年重建。桥共四孔，长约十九丈（60 余米）。保存完整，上有廊阁六十五间，重檐飞角、备极雄伟现为省级重点文物保护单位。

郭沫若曾有诗道:“艳说林溪风雨桥,桥长廿丈四层高,重檐联阁怡神巧,列砥横流入望遥。竹木一身坚胜铁,茶林万载茁新苗。何时得上三江道,学把犁锄事体劳。”

石伸臂梁在石建筑中称为叠涩。绝大部分的石墩石梁桥,在石墩两侧,作数层石料的叠涩出檐,以缩短石梁长度。福建的石墩砌法是一层纵一层横,因此叠涩也随之外挑,其中只有纵向石料起支承梁的作用。。

「广西三江程阳桥」

石伸臂梁最后亦往石拱桥发展。

风采各异:现代梁桥

第一次工业革命后,钢材、水泥等建筑材料得到广泛使用,出现了现代梁桥。在19世纪末,现代梁桥的建造技术从欧洲传入中国。开始以钢梁桥的形式进入,到20世纪20年代,在我国出现钢筋混凝土梁桥。

「石伸臂梁桥示意」

现代梁桥按材料分以钢梁桥和混凝土梁桥为主。钢桥的承载能力很大、重量轻,以梁桥居多。混凝土梁桥又分为钢筋混凝土桥和预应力混凝土桥。它结合了混凝土抗压、钢筋抗拉的特性,结构相对简单,是一种比较经济的桥型，较适合中小跨径，是公路、铁路桥中的主力桥型。混凝土桥有很多分支：如简支梁桥、连续梁桥、悬臂梁桥、刚构桥、连续刚构桥、钢与混凝土组合的梁桥等等，跨度覆盖从 5 米到 300 米。梁桥具有很好的使用功能和适用性外，具有美学效果的造型也很多。

◉ 湖北沙洋汉江大桥

「湖北沙洋汉江大桥」

沙洋汉江大桥位于湖北省沙洋县境内，跨越汉江。全长 1818.5 米，桥宽 12 米，主桥上部结构为 8 孔一联连续箱梁桥，最大跨径 111 米，是我国第一座跨径超过百米的预应力混凝土连续梁桥，同时也是一座试验桥。1985 年 7 月竣工通车。沙洋汉江大桥作为代表性的预应力混凝土连续箱梁桥，是结构形式和跨径的一次跨越，为后续连续箱梁桥建造提供了很好的经验和引领作用。

◉ 重庆长江大桥

长江的上游的重庆，山峦起伏，两江环绕，给人们出行互通带来不便。古代曾有许多美丽传说，寄托着人们期望天堑通途的意愿，建桥难度成为拦路虎。直到改革开放后，经济的发展技术的进步，重庆方迎来了建桥高峰，实现了跨越天堑如履平地，完成通达两江三地梦想的夙愿。

重庆市第一座跨江大桥建于 1980 年，重庆长江大桥，它使天堑通途第一次成为现实。

大桥全长1120米，桥面宽21米。上部结构由预应力混凝土T型刚构和挂梁组合而成。在建造过程中，纵桥向桥墩和梁体形成一个个“T”的形状，然后在两个“T”之间架上一孔梁，最终形成整体桥梁。其中主跨174米，为当时国内同类桥梁中最大跨径。大桥两端建筑有雕塑，雄伟壮观。

「重庆长江大桥」

◉ 重庆鱼洞长江大桥

重庆鱼洞长江大桥建于2007年12月，位于重庆市西南，连接大渡口区与巴南区。大桥按并列双幅桥、六车道加两道轻轨设计，全长1541.6米，桥面总宽41.6米，主跨桥孔布置145+2 × 260+145米，预应力混凝土刚构桥。与重庆长江大桥不同的是，它的挂孔与“T”浇筑在一起，整体性更好。大桥有两个特点，一是公路、轻轨车道均在同一个平面，不对称布置，同时解决公路交通和城市轨道交通问题，这在国内外均无先例，大大提高了桥梁的效用；二是桥的跨径260米，在我国同类桥梁中名列前茅。

「重庆鱼洞长江大桥」

◉ 湖北龙潭河大桥

沪（上海）渝（重庆）高速公路宜昌至恩施段穿越鄂西山地、武陵山脉，穿越14座高山，跨越13道深谷。地形、地质异常复杂，处处沟壑纵横，

「湖北龙潭河大桥」

满是悬崖峭壁，修建难度极高。

龙潭河大桥即是这条路上一座有特点桥梁，大桥位于长阳县榔坪镇，跨越龙潭河，所处深切峡谷之中一小块略微平坦之地，两岸山体地形高差起伏很大。大桥为五跨预应力混凝土连续刚构桥大桥，桥跨布置106+3 × 200+106 米，左右幅的桥分别长 1182 米、1143 米。该桥的突出特点是由于路线线位与谷底的高差很大，导致桥墩奇高，其中最高墩高达 178 米，加上梁体高度，约有 60 层楼那么高，当时居世界梁式桥桥墩高度之最，该桥由此而闻名。桥下目睹桥墩似直插云霄般壮观。车通行于此桥时，大有“车在云中走，人在水中漂”的感觉，成为当地一大景观。

◉ 黄石长江公路大桥

「黄石长江公路大桥」

在20世纪90年代初期，长江上的桥梁凤毛鳞角，国道主干线沪渝高速公路在湖北黄石市跨越长江，由此建造了黄石长江公路大桥。主桥为五跨预应力混凝土连续刚构，跨径组合 162.5+3 × 245+162.5 米，大桥全长2580米，桥宽20米。桥下通航净宽 220 米，净高 24 米，可通过万吨船队。大桥建造在技术上取得重大突破。其中主跨跨径 245 米在当时为国内同类桥梁最大跨径，也是最大联长的连续刚构桥。目前大桥的主要作用已被鄂东长江大桥取代，该桥成为黄石市的城市桥梁。

◉ 安康汉江铁路大桥

汉中历来是兵家必争之地，三国期间，刘备、诸葛亮出川，必经汉中、安康。他们对这里充满感情，诸葛亮就葬在汉中的勉县。古代战场的万马嘶鸣、缕缕硝烟已经远去。汉江穿过这里的

「安康汉江铁路大桥」

山川河谷，这里物产丰富，交通繁忙，多条铁路、公路在此交汇。

著名的安康汉江铁路大桥位于陕西省安康市，为安康水电站铁路专用线修建。大桥是我国第一座斜腿刚构薄壁箱型钢梁桥，主跨176米，在目前世界上同类桥梁中它的跨度仍居于首位。其特点在于创意大胆和理念超前，1983年7月汉江安康段遭到400年来最大洪水的袭击，大桥安然无恙。

◉ 武汉长江大桥

武汉享有“九省通衢”之美誉，在明代，汉口就与朱仙镇、景德镇、佛山镇统称天下“四大名镇”。近代以来，逐步发展成华中最大的交通枢纽。武汉地处江汉平原，长江、汉江交汇于此，把城市被分割为三部分形成著名的“三镇”，因此武汉即有得水之利，又有隔水之弊。人们梦想有一天有桥梁将江城联成一体。

历史上武汉曾在长江建过浮桥，如1853年从汉阳的晴川阁至武昌的汉阳门之间搭建过大浮桥，但不久就被太平军烧毁。

1913年，在川汉铁路督办詹天佑的支持下，北京大学德籍教授乔治·米勒带领学生做了一个关于“武汉纪念桥”的跨长江的大桥计划方案，并进行测量。提出自汉阳龟山至武昌蛇山的桥位方案和三个桥型方案，均为公铁两用桥，成为长江大桥的第一次计划。1929年铁道部委托美国顾问华德尔（J.A.L Waddel），踏勘筹划第二次计划，选择桥址汉阳的凤凰山至武昌的蛇山一线，也是公铁两用桥，还计划在连接汉阳与汉口的集家嘴、武胜路区段各建一个公路桥、铁路桥，并在现场实施了钻探。1936年由钱塘江桥工处发起筹建武汉长江大桥的第三次计划，由著名桥梁专家梅旸春率队拟定方案和实施钻探。确定汉阳的龟山与武昌的蛇山方案，提出桥型为公铁两用桥和主孔为拱形悬臂钢桁梁方案。同时在汉江上修建公路桥、铁路桥各一座，实现武汉三镇的连接。1946年抗战胜利后，湖北省当局重提修建长江大桥的设想和计划，成立了“武汉大桥筹建委员会”，委任茅以升为总工程师，并下设技术委员会主持工程计划，设计由桥梁公司承办。同年进行了勘测和选线，仍确定龟山至蛇山线，提出五孔悬臂拱桥桥型方案。这是第四次建桥计划，后终因国内局势不稳、经费落实不了而不了了之。

1950 年初，中央人民政府指示铁道部筹备大桥建设，成立了相应建设单位，并做了大量前期工作，经五年准备，1955 年 9 月 1 日武汉长江大桥修建工程正式启动。

长江大桥桥址利用江南江北的蛇山和龟山这一天然地理地形，浑然天成，既将大桥的长度控制在最短，建造费用最小，又使桥和周边景观接合达到贴切融合。

「武汉长江大桥全景」

「武汉长江大桥钢梁架设，在桥墩处合龙」

大桥全长 1670 米，其中主桥长 1156 米，为双层公路铁路三联九跨连续钢桁梁桥，桥跨布置 3 ×（3 × 128）米，上层为公路，按四车道加两侧人行道设计，桥宽 22.5 米；下层为铁路，按双线设计，宽 14.5 米。桥下通航净高 18 米。

大桥主桥钢梁为三跨一联平弦菱形连续钢桁梁，桁高 16 米、桁距 10 米、节间 16 米、H 型杆件，铆合结构，上层铺钢筋混凝土行车道板作为公路桥面，下层铺无渣双轨，作为铁路部分。江中 8 个桥墩，墩高 33 米，对应基础一个是管桩基础，其余均为管柱基础，基底嵌入岩层。当时世界上普遍采用气箱沉压法施工深水基础，面对大桥处地质复杂情况和气箱沉压法的种种缺点，原苏联专家西林首次提出采用管柱结构代替气箱的新设想，对稳定方案、改进施工、顺利完成水中深水基础施工起到重大作用。8 个桥墩的基础均是采用此方法完成。

武汉长江大桥的建筑造型是中西合璧的典范。主桥共 9 跨 128 米的等跨径钢桁梁设计，庄重大方，引桥采用具有民族特点的拱形结构饰边对钢筋混凝土梁进行修饰。主桥与引桥之间，桥面通过桥头堡过渡，桥头堡为“四方八角”亭，上有重檐和顶上圆珠，既有民族建筑的特征，又有现代韵味，其构思之简洁奇巧、设计之精致、风格之独特令人拍案。主桥与引

「武汉长江大桥武昌桥头堡」

「西林院士来华访问」

「武汉长江大桥与晴川桥交相辉映」

桥之间的桥身通过塔柱过渡，塔柱高35米，为空心，其中设置人行楼梯和直行电梯，人们乘坐电梯可直达桥面。塔柱设计有窗户和饰边，使主桥与引桥之间达到顺畅的造型过渡，恰到好处。桥梁专家唐寰澄在组织造型美学设计中感慨颇多，在堆积如山的方案中，推荐方案不是易事，最终被选中的方案古朴庄重的造型使许多人看后都有眼睛一亮的感觉。钢制桥梁栏杆采用中国传统剪纸风格铸铁花风格，以梅、兰、竹、菊配以花、鸟、鱼、虫的图案，体现了民族性和艺术性。造型既有情趣又显活泼、既大方又儒雅，既有现代感又有民族性，图案既精美又有层次感，过往行人无不驻足、赞赏。

大桥建设得到原苏联专家组的帮助和技术支持，他们参与设计审定，并提出许多建设性意见。专家组成员之一的康谢·西林院士为长江大桥做出了突出贡献。

武汉长江大桥于1957年10月15日建成通车时万人空巷，特别是建成后的第一个星期天，市民几乎倾城出动，上桥参观的人群布满了桥面，以致车辆不能通行，出现桥面摇晃的现象。

武汉长江大桥是新中国现代桥梁的奠基之作，它的建成锻炼了一批桥梁专家，增加了全国人民的民族自豪感，提高了国家的威望和地位，政治和经济意义非同凡响。

长江上已经修建近100座桥梁，从总体设计、细节、施工质量、造型美观上看，还没有哪一座桥能够与武汉长江大桥相媲美，武汉长江大桥是我国最美的桥梁之一。大桥经历了时间和空间的考验，成为武汉的景观和地标式建筑。

◉ 南京长江大桥

六朝古都南京东连上海、西接华中、南通浙江、北靠山东，地理位置、交通连接十分重要。1908年沪宁铁路通车，1911年京浦铁路通车，止于南京长江两侧的江边，不能连接。孙中山先生曾在《建国方略》中规划过南京至浦口的过江隧道，未能遂愿。1933年连通两条路的浦口火车轮渡码头投入使用，正常情况下单列车过江需两个小时，受天气、水位变化会延长时间，甚至还会因不能摆渡而停航。

「南京长江大桥」

1937年国民政府拟研究建造大桥的可能性，聘请美国桥梁专家华特尔对大桥桥址、江面进行勘察，得出“水深流急，不宜建桥”的结论。

武汉长江大桥建设期间，南京长江大桥建设重新提到议程上来，1956年着手进行桥址选线、踏勘察工作。在南京建桥的条件比武汉复杂，技术难度高。正值全面上马之时，中苏关系恶化，原苏联停止了桥梁用钢的供应，钢材供应成为建桥难点。经铁道部与冶金部联合攻关，最终研制出桥梁用14锰钢，为大桥建设解除了制约条件。

1960年元旦，南京长江大桥破土动工。这是长江上建造的第二座大桥，也是完全由我国自己设计建造的第一座长江大桥。大桥于1968

年 12 月 19 日建成通车，津浦铁路与沪宁铁路联成一体，对国民经济发展具有重大意义。

大桥位于南京市北岸浦口和南岸的下关之间。长江大桥主桥为双层公铁两用、三联九跨连续钢桁梁桥，铁路桥全长 6772 米，公路桥全长 4589 米；主桥 10 孔共长 1576 米，桥跨布置 128+3 ×（3 × 160）米，与武汉长江大桥相比，加大了跨径。上层按四车道公路加两侧人行道设计，桥宽 19.5 米；下层为铁路，按双线设计，宽 14 米。桥下通航净高 24 米。

南京长江大桥建造彰显了我国建桥人的智慧和气概，在我国桥梁建设史上留下浓墨重彩的一页。

◉ 上海外白渡桥

上海市苏州河上的外白渡桥位于苏州河与黄浦江交汇处，桥长 104.39 米，共两跨，布置为 2 × 52.12 米，桥宽 18.4 米。原外白渡桥由英国人威尔斯集资建造，其前身称“威尔斯桥”，由于地处外摆渡口，俗称“外摆渡桥”，建于 1856 年，桥长 137.16 米，宽 7.01 米，可以吊起桥面，让河中船只通过。开通伊始对中国人收取高额的过桥税，引起民愤。中国商人詹若愚在桥的上游设渡口与其对峙，免费过渡行人。租借工部局迫于社会压力于 1873 年在威尔斯桥旁边修建了一座木质浮桥，免征过桥税，因毗邻外滩

「上海外白渡桥」

公园起名“公园桥”，又因免征过桥税被称“外白渡桥”。新外白渡桥于1906年动工重建，1908年建成。该桥为两跨下承式简支钢桁架桥，桁架杆件之间采取铆接连接。下部结构采用钢筋混凝土桥台和空心薄壁桥墩。这就是后来的“外白渡桥”，由新加坡豪沃思·厄斯金公司承建。该桥营运了100年，是旧上海的一个标志性建筑，构成外滩万国建筑群中的独特景点。

历史的风风雨雨中敲击着人们的记忆，1915年11月10日中华革命党人在外白渡桥上处决了袁世凯的帮凶郑汝成。抗日战争期间，平民逃难，黑压压汹涌人流过桥的情状，日本鬼子在桥上设关卡的屈辱历史让人记忆犹新。大桥见证了社会、生活的变迁。大桥与这个城市有着血肉联系，它已不仅仅是一座桥梁，更是一个百年老城的象征。

「上海外白渡桥夜景」

从昔日叮叮当当铃声的有轨电车驶过的晨曦，到今天川流不息的汽车洪流迎来的晚霞，外白渡桥走过了100年后，2007年年底，上海市政工程管理局收到了一封寄自英国一家设计公司的来信，信中说，外白渡桥的“桥梁设计使用年限为100年，现在已到期，请对该桥“注意维修”，并“建议检修水下的木桩基础混凝土桥台和混凝土空心薄板桥墩”。上海市政府接受了这个建议，2008年4月大桥整体拆下搬迁，送往上海船厂，根据上海城建档案馆内存有的外白渡桥设计建造图纸进行大修，修旧如新，获得“新生”的这座百年老桥又可以延长寿命50年。2009年3月，大桥以原貌拖运回到原地安装就位，工程人员还设计了名为“城市之光”的灯光系统，让百年老桥更加靓丽，重新焕发了青春。目前，该桥仍在使用中。

绒穹崇隆：拱桥

拱桥是中国古桥中比较常见的一种桥式。拱字的意义，不是出于构造，而是主的外形，即《说文》释拱："敛手也"。抱拳敛手谓之拱。

拱桥是很常见的一种桥梁形式。拱桥承受外荷载的主要构造是拱圈（或拱肋），其特点是在竖向荷载作用下，通过各构件力传到拱圈，形成轴向压力，又从拱圈传到拱脚，拱脚处即有竖向向下的力，又有向外的水平方向推力，可以看出拱桥与梁桥受力是不同的。拱桥跨径要大于梁桥。

◉ 天生桥说

这种观点认为拱的结构来自于天生拱的启发。

《徐霞客游记》记哀牢山有："天生桥，非桥也，即大落水洞透穴潜行，而路乃逾山涉之。"全国各地天生桥多不胜数，各种各样，形成奇景。

安徽休宁县齐云山天生桥，上下成蹊，岩侧摩崖题刻甚多，自古便为江南一景。

「安徽休宁齐云山天生桥」

◉ 土穴说

《易·系辞下》称："上古穴居而野处，后世圣人，易之以宫室，上栋下宇，以待风雨。"今天发现的原始社会遗址，如北京周口店、山西垣曲、广东韶关、湖北长阳等旧石器时代的"山顶洞人"就居住在天然的山洞之中。

新石器时代已经有了在浅穴（竖穴）上盖木架、茅顶，糊以草泥的早期居所。在黄土高原地区农村，许多人至今仍以窑洞为主要的居处。黄土窑洞乃是筒拱建筑，靠自然土的拱作用，稳定而不坍落。只是在窑洞洞口避免雨水流淌而护以砖拱。这一结构与拱桥十分相似。

◉ 陶瓮说

陶器的发明很早，离今约五六千年以前的新石器时代已有了的陶制的盆、瓶、罐、鬲、瓮等日用陶器。陶器一般都是制作成圆形，已利用了简单的旋转工具。在发掘出西安半坡村新石器时代遗址中，房屋建筑用木构、草顶、泥墙。遗址仅存房基和柱孔，上部的构造，包括门窗的做法是推想而得。

「西安半坡村新石器时代民居（瓮牖想象图）」

◉ 叠涩演进说

自从用比较整齐的砖或石块砌墙，其门窗留孔，又有用左右挑出檐石，上搁木板或石梁的做法。多层的叠石，层层挑出，左右相接，在中国称为“叠涩”，国外称“假拱”。然而叠涩不是拱，不产生拱的推力。

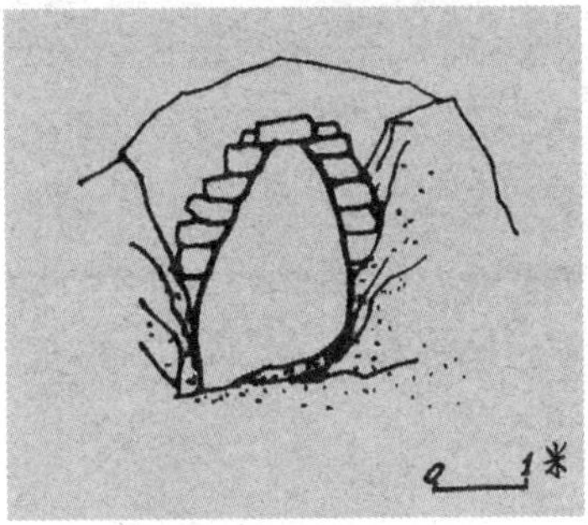

「江苏吴县烽燧墩」

江苏吴县、木渎、光福一带，屏障太湖的五峰山岭上，每遇险要处，常突出一个个高大的土墩，络绎不绝，相互呼应。自古在群众中相传，认为是“秦始皇北筑长城、南筑墩”墩内造石坑、坑内置泥香炉、烛台等物以求长生不老的“风水墩”。1954年，考古工作者进行了个别的探掘，判断为春秋吴越之争时期，吴国（公元前585—前476年）所建以防越兵的“烽燧墩”（与风水谐音）。

◉ 折边演进说

过去认为中国石拱桥的历史记载不早于晋，存在的实物不早于隋。地上建筑不易长期保存，可以从地下建筑推见拱桥的起源。西汉和东汉之间

「上海金山枫泾利民桥」

「浙江绍兴迎恩桥」

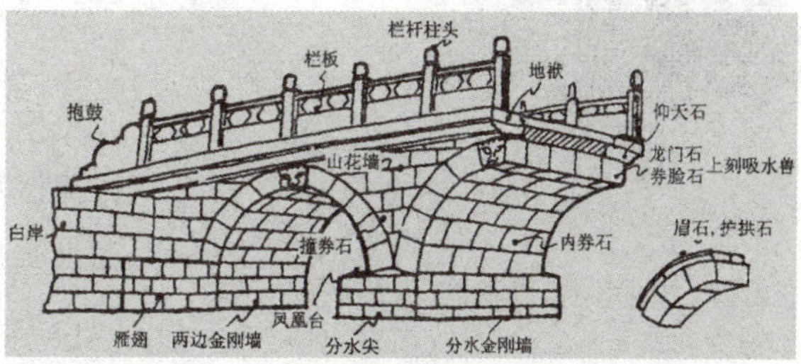

「清代官式石拱桥各部名称图」

是砖拱由平板、三、五、七等折边演变为圆拱的时期。

折边拱分为实腹和空腹两种。

上海金山县枫泾镇有一座无角石，直接搭架的三折边拱，名利民桥。桥净跨约 10 米，中间平石板长约 5.6 米，故石料粗大。梁五撑六，略有错位。虽然建筑年代较晚，约在清末，但却是浙江以外，我国目前发现的仅有的无角石三搭挤桥。

三折边以上为五折边、七折边，五折边都是实腹拱。

汉墓结构构造，后期不用空心砖，而用楔形和斧形小砖砌拱，形成更接近于曲线的多折边拱券，桥梁中的砖拱亦是如此。

笔者认为这 5 种有关拱的形成学说并非完全孤立，而是相互作用，层层递进。天生桥给人以各种拱的形式的启发；土穴使人产生对拱和穹窿结构有安全感的经验；陶瓮说可以解释何以长时期里，人们总认为半圆拱在河下还有半拱的猜测；叠涩演进说使人知道拱不单是外形，还应有真正的拱作用；折边拱才让我们一步步走进了人工砌拱的堂奥。

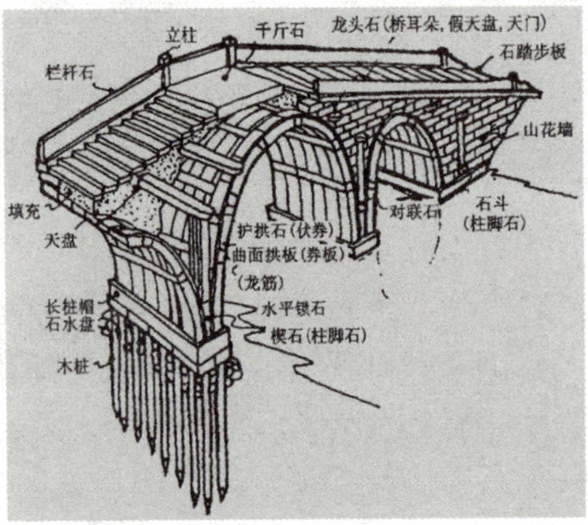

「南方石拱桥各部名称图」

中国，甚至是世界石拱桥史专家，历来认为拱券是从半圆拱开始的。由半圆拱逐步发展为割圆拱，即一段圆弧的拱。可是，据实际观察和分析，天生拱、早期墓葬和桥梁的折边拱、画像砖裸拱大多不是半圆而是割圆。

中国现存古石拱桥，始建年代最早者为河北保定满城县方顺村石桥，其建造年代至晚为西晋，或许还可上溯到东汉。南方较早的古石拱桥，如宋代的上海青浦金泽万安桥、紫石桥等亦是圆弧拱，所以石拱桥从圆弧拱谈起。

与北方相比，南方圆弧拱桥时间较晚，数量较小，分散而不集中。除个别外结构上拱券较薄，拱跨与矢高之比较北方为小（南方为2.32~2.56；北方为2.78~5.0。半圆拱为2.0），即南方不及北方者坦平。

《苏州府志》载："灭渡桥在赤门湾，旧以舟渡。元大德间（公元1297-1307年）僧敬修募众创桥，因名灭渡。明正统间（公元1436-1449年）知府况钟重建。清同治间重修。"志引元·张亨记略："吴城东南，由赤门湾距葑门，水道间之，非渡不行。舟人横暴，侵凌旅客，风晨雨昏，或颠越取货。崑山僧敬修，几遭其厄，仅得免走，诉公廷法治之。既思创建石梁，利济永久。……始大德二年（公元 1298 年）十月，迄工四年三月桥成。长二十八丈四尺

「江苏苏州灭渡桥(21世纪)」

（约 93 米），高三丈六尺（约 12 米），广视高之半（约 6 米）。……南北往来，踊跃称庆，名灭渡，志平横暴也。”此桥现今尚在。桥净跨 20 米，矢高 8.19 米，拱券石厚 30 厘米，是最薄的单孔实腹圆弧石拱桥。20 世纪 50 年代所摄该桥，券石完整。

中国现存古代石拱桥以半圆为最多。半圆小砖墓拱起于西汉。

半圆石拱桥遍及祖国城乡，记不胜记，只能撷其精英，以见一二。今摘长江流域部分，按桥孔多寡，各顺时记叙，以了解其演进。

「江苏苏州枫桥」

半圆单孔石拱桥

唐代石拱，以枫桥最有名。

桥在苏州城外寒山寺旁。寒山寺旧名普明禅院。唐代张继是天宝年间进士，其《枫桥夜泊》诗为：“月落乌啼霜满天，江枫渔火对愁眠，姑苏城外寒山寺，夜半钟声到客船。”

张继诗不作普明院、天平寺而作寒山寺。宋诸志记又不作寒山寺。今寺亦奉唐代诗僧寒山、拾得，世称和合二仙。寒山于贞观年间（公元 627—649 年）在浙江天台国清寺与拾得、丰干相与以禅宗诗觉世。现在的寺名为寒山寺。

萧寺之中，暮鼓晨钟、桥头夜泊，何来半夜钟声？欧阳修认为张诗：“句虽佳，其奈三更非撞钟时。”范成大则说：“欧公盖未尝至吴中，今吴中僧寺，实半夜鸣钟，或谓之定夜钟。……阮景仲为吴兴守，诗云‘半夜钟声后’。白乐天亦云‘新秋松影下，半夜听钟声’。吴中半夜钟其来久矣。”

《苏州府志》载："清乾隆三十五年（公元1770年）修。同治六年（公元 1867 年）知长洲县蒯德模重建。"现存枫桥净跨约 10 米，高 7 米，全长约26米。

枫桥头为明代所建防倭的铁岭关。

半圆双孔石拱桥

桥梁孔数以奇数居多，偶数居少。

《易》以奇为乾为阳，偶为坤为阴。在中国，奇数字是起统治的数字。西方美学中亦认为双数有"未解决的，没有中心情趣点的两重性"，不易处理。中国虽然历来不排斥偶数，甚至有时还喜欢成双成对的偶数，可是桥仍以奇数孔居绝大多数。

「湖北来凤接龙桥」

湖北来凤县翔凤镇南拦河上的接龙桥，始建于清嘉庆十三年（公元 1809 年）。自清传说：拦河两岸两座山，南叫"玉龙"，北称"翔凤"，是龙与凤的化身，只是被拦河"拦"断龙脉，因此土家苗族人屡遭劫难。一专看"风水"的土司爷还编了四句偈语："河北翔孤凤，河南卧独龙，龙脉延过河，祥瑞满山中。"意思是：只要修一座石桥跨越拦河，接通"龙脉"，就会迎来"龙凤呈祥"的好日子。于是农民纷纷捐钱捐粮，请来能工巧匠，修起大小两个石拱，并在石桥上精雕一条石龙，凿上三个大字——接龙桥。

半圆三孔石拱桥

三孔半圆形石拱桥是石拱桥中较多的一类。中孔均在20米净跨以下，配以边孔，三孔足以适合于一般中小河道的宽度，较之单孔，便于排洪和通航。三孔为单数，易于作美学上的处理。中边孔不同的比率，适应于微弯桥面的道路桥和驼峰突起的步行桥。

驼峰式三孔的圆弧拱和半圆拱，因比例匀称、富于神韵，在汉后，晋、唐、宋时已多入画，得幸流传。元、明、清的三孔石拱桥，见诸志籍者比比皆是，现在尚存在的亦不为少数，此间仅只取踪迹所至。和能够得到较好资料者，以见一斑。

自北宋以后，三孔或多孔半圆石拱的构造和技术已趋定型。大致是厚墩厚拱，平或微坡桥面及薄墩薄拱驼峰式的江南石拱。

北宋后桥梁开始有从结构上发展而艺术上予以利用的对联石，对景标题，凭添趣味。其驼峰石拱桥其中大运河上幸存的有两座，杭州拱宸桥中孔净跨 15.8 米；嘉兴长虹桥为 16.5 米。在古桥中已属轩敞雄伟的了。

「浙江杭州拱宸桥」

半圆四孔石拱桥

四亦为偶数。四孔半圆石拱桥为数极少。

「湖南沂溪大福桥」

湖南沂溪大福桥在泥（沂）溪上游，地名冻青树塘。原名大虎坪、打伙坪。因桥名大福，更名为大福坪。邑人黄崇光《大福桥记》述该地昔为宝、益、新、宁往来要道。溪上设义渡，冬易徒杠。清嘉庆十五年（公元 1810 年）十月始兴建石桥。十六年二月，奠基下脚。“阅七载（至公元 1818 年）竣工，用金五万有奇……工程之浩大，费用之繁多，实甲全县诸桥”。

半圆五孔石拱桥

上海青浦朱家角放生桥位于朱家角镇东首漕港河上，为五孔半圆驼峰石拱桥。桥始建于明隆庆五年（公元 1571 年），由慈门寺僧性潮募造。建成后，规定桥下里许范围内，只能放生鱼鳖，不准撒网，故名放生桥。清嘉庆十九年（公元 1814 年）因岁久，渐渐倾圮而重修。

「上海青浦朱家角放生桥」

据当地居民称，河床为“硬底”，因河吐纳淀山湖水，流速量丰，船只出进常碰撞桥墩，往往有船沉于桥墩脚而桥无恙，起船通航如故。

如今，此桥列为上海市重点文物保护单位。桥头岸边一侧，拓地建廊屋，以作观赏。桥上两侧，长有多株石榴，花开时节，景色极佳。

半圆六孔石拱桥

六孔偶数石拱极为稀少。有湖南芷江罗旧桥，清康熙八年（公元 1669 年）、浙江浦江合济桥，始建于 1912 年，据报道在 2010 年 6 月 20 日 21：00 被洪水冲垮。

半圆七孔石拱桥

七孔又为奇数，为数又多。

「江苏南京七桥瓮桥」

江苏南京七桥瓮桥位于江苏南京光华门外，又名上方桥。桥跨外秦淮河。桥长 99.36 米，净宽 11.2 米，共计七孔半圆拱，净跨 7~12 米。拱券厚 60 厘米，上有伏券与拱券齐。拱券的砌筑方法亦是分节并列。桥墩带分水尖，墩前上端有异兽刻石，已风化。与尖相桥相似，在每拱券的 1/4 处，亦有横系石，端刻兽头，形状亦相类似。

「安徽休宁登封桥」

半圆八孔石拱桥实例很少

半圆九孔石拱桥

九乃数之盈，为当年朝野所喜用。

安徽休宁登封桥登封桥在休宁县，跨横江以上为齐云山风景区的大型石拱桥。桥始建于明万历十五年（公元1587年）。康熙五十七年（公元 1718 年）和乾隆五十三年（公元 1788 年）两次遭水毁后重建。桥九孔，净跨 14 米，平坡，等跨半圆石拱，厚墩，前尖后方。桥宽 7.2 米，高 13 米，全长 147 米。与始建于万历四年的同地五成桥几乎相同。

十孔及十孔以上半圆拱桥

十孔及十孔以上半圆拱桥屈指可数。除了江苏苏州宝带桥始建于唐外，其他桥建设时间都比较晚。

江西南城万年桥（二十三孔）位于南城县东北五里的武岗山麓，盱江、黎滩河两水汇合之处下游。现为江西省重点文物保护单位。

万年桥的修复采用了作堰、下柜、抽水的干修方法。

抗战期间，1942 年南城沦陷，东岸 18~21孔被日寇炸毁。胜利后仅修复第 18 孔，其余三孔架木暂通。1949 年国民党南逃，重又被炸。1952—1955 年全部修复。实测得拱净跨略有参差，平均约 14 米。墩横宽 3.6 米，长 4.7 米，高 7 米，墩前端尖而高仰，后端方而低矮，甚为雄壮。因东岸近山，石层较高，其第一至第三墩基础深度约 4 米，渐次为 4.46、5.60、

「江西南城万年桥」

6.36、7.05……愈远愈深，得用桩基。

除了半圆拱之外还有尖拱，起于东汉初合葬墓；蛋圆拱，由方形攒尖渐变成接近于蛋形的攒尖。

「四川剑门剑溪桥」

「浙江绍兴秦桥」

「苏州兴隆桥」

四川剑门剑溪桥位于四川剑门关大剑山和小剑山之间的古金牛道上，跨剑溪。缘桥右侧而上山坡，为三国魏时钟会结营故垒；从另一侧照桥，背后即为大剑山，过此桥经三国蜀汉诸葛亮所修30里栈阁，直上剑门关。

马蹄拱是指圆拱的圆心夹角大于180°的拱桥。此类拱桥，拱脚处的净跨反较桥洞为小。

在绍兴的微马蹄拱桥如锦鳞桥、古小江桥、春波桥、沈家桥、大木桥、都泗门桥、徐公桥、待驾桥、秦望桥、化龙桥等都是些单孔小桥，一般都看作半圆拱。

椭圆拱是以较大的净跨得较矮的净高。严格的椭圆拱定义是有两个共轭圆心，其拱周边处于自两圆心出发，其半径之和是常数的轨迹线上。现在所说的椭圆拱并不严格，基本是接近三点圆；中间一段平坦的较大的曲率半径曲线段，和顺地联以两端较小曲率半径的曲线段。

江苏昆山角直兴隆桥。明成化年间（公元1465—1487年）建，清乾隆年间（公元1765年）修葺。

竹木拱桥是拱桥的一种特殊类型。中国竹木拱桥发展历史非常特殊，很难找到较早的文献和实物资料，只能根据现有的资料和实物，推断其为一门古老的、手口相授的技术，为《礼记》“匠人”之工所不载。

全国的各类木拱，和介于木梁木拱间的木构桥梁，在穷乡僻野之间还保留很多，但拆去的更不少。

最早的可靠翔实、能弄清其构造的木拱桥记载和图像见于北宋。通过唐寰澄老先生多年的发掘探索，虽然仍觉不够全面，但至少可以认为，中国有一个独立的木拱桥系统，这一系统，有待于继续充实和推陈出新。

木拱桥的木料虽然容易腐朽，木桥也不耐久，但如果能适当地保持干燥，传世的木拱桥亦有达二百年以上者。有些木建筑，如山西应县木塔已存在了 900 多年。况且，中国的木拱桥构造特殊，造型美丽。唐寰澄老先生自 1953 年首先指出北宋《清明上河图》上木拱桥的结构特殊性后，又在文献、图画和实物中陆续有所发现，细予整理推敲，脉络分明，饶有趣味，是国际桥梁史中所没有的一章。

《清明上河图》是北宋画家张择端的一幅名画，现藏故宫博物院。画为高 25.5 厘米，长 525 厘米的长卷，描绘了北宋汴京（今河南开封）东南城内及城郊清明时节的景象。画面由宁静的郊外，引入繁华热闹的汴河岸边的市桥，再转入整齐平静的街道。汴京的桥梁为数极多，图上虹桥便是代表性的一座，画家为我们留下了这座桥的珍贵形象，表现出高度的创作概括能力和写实表现手法。

「《清明上河图》汴水虹桥」

「唐寰澄做汴水虹桥模型」

该桥地域虽属于黄淮流域，但其汴水当年也可通扬州，在桥梁历史和当今社会上影响及知名度颇大，故在此专门加以介绍。

承前启后：现代拱桥

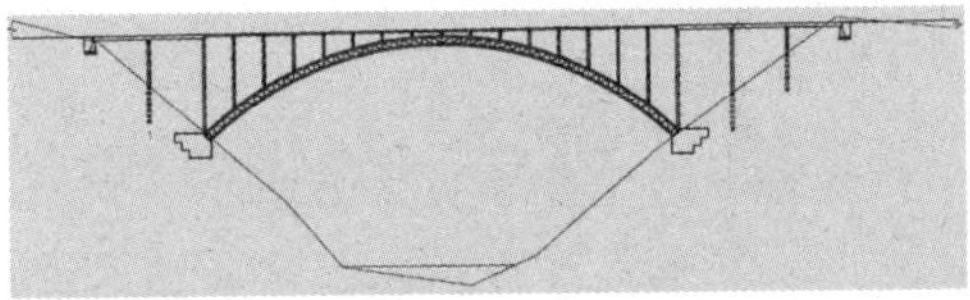
「上承式拱桥」

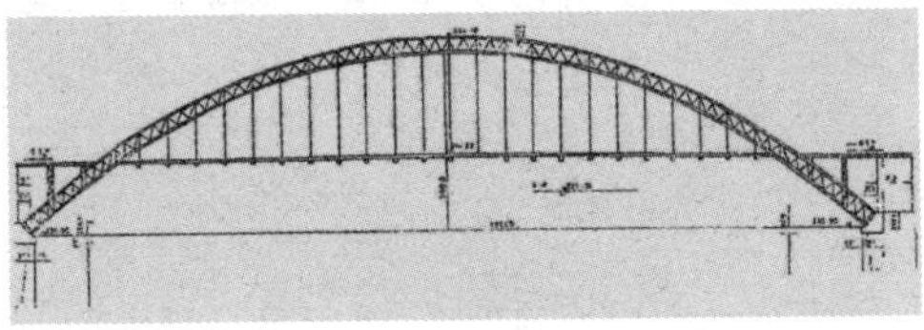
「中承式拱桥」

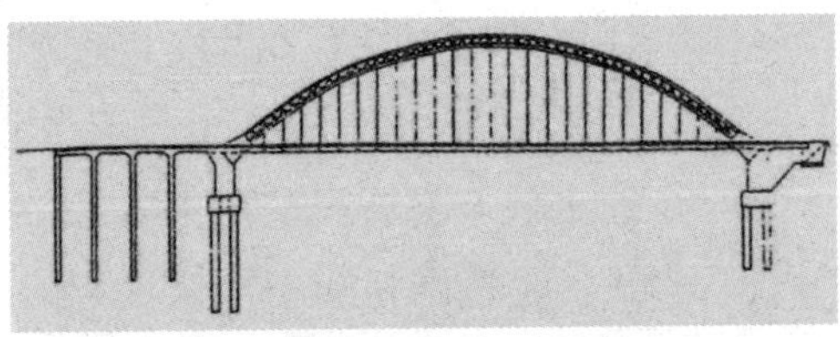
「下承式系杆拱桥」

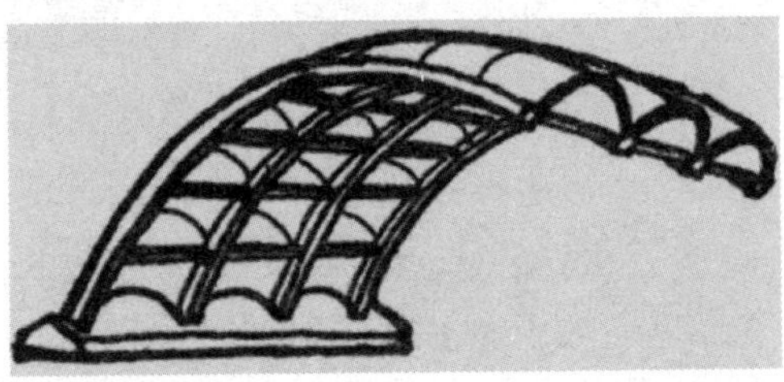
「双曲拱桥」

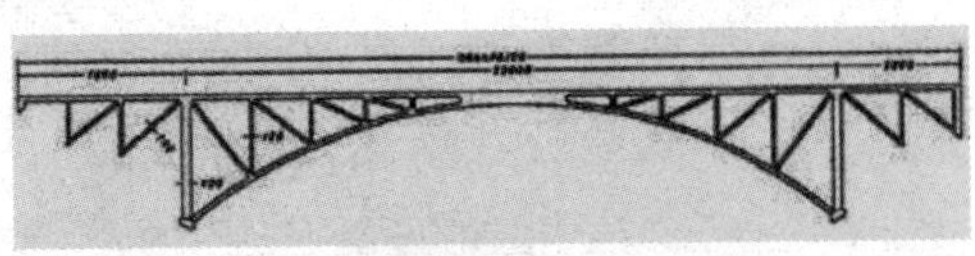
「桁架拱桥」

以桥面系与拱圈之间相互位置进行分类，桥面系在拱圈的上侧，称为上承式拱桥，反之称为下承式拱桥；桥面系在拱圈中间穿过称为中承式拱桥。以材料分类，有圬工（石、砖）拱桥、钢筋混凝土拱桥、钢拱桥；以结构形式分类，有钢筋混凝土箱型拱、钢筋混凝土桁架拱、钢筋混凝土刚架拱、双曲拱、钢管混凝土拱、系杆拱、钢管拱。钢材又具有重量轻、各向同性的受力特点，几百米一跨的拱桥，绝大多数为钢（管）拱桥。

关于拱的起源，国外大部分学者主张由“天生桥”得到启发，或是在古希腊建筑及埃及金字塔内发现的“假拱”演变而来的，国内学者的说法更多一些，综合来说大致有如下5种可能。

20世纪中叶以来，我国现代拱桥建造技术飞速发展，建造的拱桥几乎涵盖了所有的拱桥类型，跨度从最小到最大超过500米，建桥技术从传统的土牛拱到先进的缆索吊装、转体施工等方法，完成了中国拱桥的传奇历程和技术跨越。下面笔者择其要点而言之。

◉ 四川天全铜江天桥

天全县位于四川盆地周山区西缘，地处二郎山东麓，青衣江之滨。这里山高林密，青山绿树四面环绕，山间飞瀑急流随处可见。天全铜江天桥于70米高空横跨宝兴河，桥全长76米，桥宽6米，为单孔跨径50米的空腹式石拱桥。该桥奇在两个悬崖陡壁之间一跨越过，宛如“天”桥，故得此名。

「四川天全铜江大桥」

◉ 湖南凤凰县乌巢河大桥

湖南省凤凰县人杰地灵、风景奇特、文化气息浓郁。被誉为“天下第一大石桥”乌巢河大桥为空腹式石肋拱桥，全长241米，桥宽8米，桥高42米，主拱跨径120米，南岸还有3孔13米圆弧拱，北岸有1孔13米圆弧拱。该桥为当时世界上最大跨径的石拱桥，开创了石拱桥新的历史，于1991年1月建成通车。

「湖南凤凰县乌巢河大桥」

大桥由对解决复杂的桥梁地基处理问题，创造性地设计，他积30年拱桥建造经验，对拱桥造型、结构、工艺、设备大胆探索和革新，成绩斐然。采用“帷幕灌浆”的方法，打破了桥梁建造的禁区，并由此与袁隆平教授一起荣获了首届湖南省“科技兴湘奖”。

◉ 重庆涪陵乌江大桥

乌江今又称黔江，长江上游的支流，发源地在贵州省，在重庆市涪陵

「重庆涪陵乌江大桥」

区注入长江。涪陵乌江大桥就在乌江与长江交汇的涪陵区跨越乌江。大桥为上承式钢筋混凝土空腹式箱型拱桥，单孔跨径为 200 米，桥宽 12 米，主拱箱型断面为单箱三室。大桥主拱圈施工采用我国独创的对称转体施工法架设，此种架设方法是在垂直桥轴线方向的两岸上，分别将半个拱架浇筑完成，然后将两拱架平面转动 90° 至桥轴线方向，搭接在一起，形成完整的拱圈，称为“转体施工法”，技术难度很大。大桥的建造是对传统拱桥建桥技术的重大突破。

◉ 重庆万县长江大桥

「重庆万县长江大桥」

万县现为重庆万州区，自古以来就是交通要道上的重要节点，区域经济的发展中心。地处四川盆地东缘，境内河流、溪涧切割深，落差大、高低悬殊，呈枝状分布。地处三峡库区腹心，长江中上游结合部，多条公路、铁路在万山丛中穿梭，交汇于此。万县长江大桥就是在此跨越长江。

大桥全长 856.12 米，主孔净跨径 420 米，桥宽 24 米，一跨过江，尤为壮观。桥下通航净高 24 米、净宽 300 米，满足双向万吨级船队通行。

主桥结构为上承式钢筋混凝土箱形拱，施工采用钢管混凝土劲性骨架成拱方法，是桥梁建造技术的一大突破，以此荣获国家科学技术进步一等奖、全国优秀工程设计金质奖、国家优质工程银质奖、詹天佑土木工程大奖等殊荣。

◉ 长沙湘江大桥

「长沙湘江大桥」

长沙是古代湘楚文化重要的发源地之一。这里即有数不尽的人文典故，又有风景如画的湘江、橘子洲头，还有秀美的岳麓山、古代四大书院之一的岳麓书院，是让人流连忘返的地方。长沙老城区位于湘江的东侧，湘江的西侧则是岳麓山风景区和高等院校集中区域。在未建大桥之前，两岸的沟通全凭船舶过渡，出行多有不便。1972 年建成长沙湘江大桥，彻底改变了这种交通格局。长沙湘江大桥全长 1532 米，桥宽 20 米，跨径布置 8 × 76+9 × 50 米，主跨跨径 76 米，为钢筋混凝土空腹式双曲拱桥。跨越橘子洲头（江中岛），并在橘子洲头设上、下桥匝道。

长沙湘江大桥是双曲拱桥中最具代表性之作，将我国双曲拱桥的建造技术推到一个新高度：完善了双曲拱桥计算分析理论，发展成熟了无支架缆索吊装工艺。1980 年获第一届国家优秀工程设计金质奖。1978 年中国邮票总公司为此专门发行了 T31 邮票小型张。

◉ 贵州江界河大桥

贵州江界河大桥位于江界河风景区的中心，以它为主形成了瓮安县独具特色的峡谷风光和人文景观风景区。有诗曰：“江山竞雄不相让，长虹持练舞苍茫。欲破巨浪乘长风，雄奇敢夸天下壮!”江界河

「贵州江界河大桥」

大桥在震天洞峡谷之上，跨越乌江，两侧悬崖绝壁巍峨壮观。在如此险峻之处修建大桥难度极高，这是向大自然的成功挑战。另有诗曰：“不依古法但横行，自有云雷绕膝生。满眼生机转化钧，工天人巧日争新。”

江界河大桥全长461米，桥宽13.4米，桥距江面高约263米，主孔为预应力混凝土桁架拱桥，边孔为桁式刚构，孔跨布置：20+25+30+330+30+20米，主孔采取桁架伸臂法悬拼架设。主跨跨径330米，为同类桥型跨径世界第一。江界河大桥是拱桥建造的一个奇迹。获多项奖项。

◉ 重庆朝天门长江大桥

「重庆朝天门长江大桥」

朝天门长江大桥位于长江与嘉陵江交汇口的长江下游2.4千米王家沱江段，大桥是公路与轻轨两用、双层桥梁，上层是公路，按双向六车道设计，下层中间设两条轻轨轨道，其两侧各预留两个汽车车道。大桥全长1741米，主桥主跨552米，主桥全宽36.5米。该桥结构为中承式钢桁系杆拱桥，又称公轨两用飞燕式多肋钢桁架中承式拱桥，目前该桥552米的跨径居世界同类桥梁之首。从江中望去，大桥造型优美、线条流畅，仿佛是一只轻盈的飞燕，俯冲而至，动感十足，而且精致的饰边和鲜亮的红白线条对比，衬托出造型的鲜艳与妩媚。

◉ 九江长江大桥

九江长江大桥是京九铁路跨江的咽喉工程，位于湖北、江西、安徽三省交界处，也是长江上第一座跨省大桥。大桥为公铁两用，铁路桥长7675米，公路桥长4460米。大桥结构为刚性梁柔性拱组合结构，江中主拱跨径216米，小拱跨径126米，江中共11跨、10个桥墩。大桥几经波折，历经20年才完工，于1993年公路通车，1994年铁路通车，在建桥史上极为少见。大桥建设在技术方面有多项重大突破，采用多项先进技术，加之高质量的施工，获得多项国家奖励。

「九江长江大桥」

◉ 南京大胜关长江大桥

「南京大胜关长江大桥」

北京至上海、武汉至上海的高速铁路均需要在南京江段过长江，由此催生了共线的大胜关长江大桥。大桥位于南京的长江上游方向大胜关江段，两岸地形平坦，江面宽阔，两大堤之间宽度约2.8千米。大桥为铁路桥梁，同时还有南京地铁双线，承担三条铁路线共用，在同一平面共六条线，是世界上首座六线高速铁路桥，还是世界上设计荷载最大的高速铁路桥梁。大桥全长9270米，主桥长1615米，主桥为六跨连续钢桁梁拱桥结构，孔跨布置：108+192+2 × 336+192+108米，其中间两主跨跨径336米，为目前世界同类桥梁中跨度最大者。四条铁路线布置在两主桁片内侧，地铁两线外挂在主桁悬臂上，桥梁全宽41米。大桥建造采用多项新技术，处于世界先进水平。从江面看去，大桥仿佛像一只展翅飞翔的大鹏俯冲至江面上抓鱼，尽显其优美与动感。

◉ 湖北支井河大桥

「湖北支井河大桥」

支井河大桥是沪渝高速公路湖北宜昌至恩施段上一座重要桥梁，位于湖北巴东县野三关镇，横跨支井河峡谷，峡谷两岸悬崖陡立，斜切至河底，河底仅有30

「武汉晴川桥」

米宽，大桥距河底大约有400米高差，桥似悬于空中。远望前后山崖大桥两端，壁上东西向各露出一只“小眼睛”，即东侧漆树槽隧道洞口、西侧庙垭隧道的洞口，形成隧接桥、桥接隧的景观。大桥施工异常困难，最先进的技术和最原始的肩排人扛并用，实属不易。大桥主桥为上承式钢管混凝土拱桥，桥长545.5米，主跨430米，居国内同类桥型之首。

◉ 武汉晴川桥

「武汉长江大桥与晴川桥」

唐朝诗人崔颢的诗作：“昔人已乘黄鹤去，此地空余黄鹤楼。黄鹤一去不复返，白云千载空悠悠。晴川历历汉阳树，芳草萋萋鹦鹉洲。日暮乡关何处是？烟波江上使人愁。”写从黄鹤楼上眺望汉阳城、晴川阁、鹦鹉洲的芳草绿树，并由此而引起的乡愁。今日，这般风景不在，代之而起的是一座优雅、壮观的武汉晴川桥。

晴川桥位于汉江与长江交汇处的汉江江段上，是汉江上的最后一座桥梁。大桥主桥全长302.92米，主桥为净跨280米下承式钢管混凝土系杆拱桥，在国内同类桥中其跨径排在前列。

桥面宽度20米，桥两端由观景平台，桥下通航净高10米、净宽150米。由于大桥所处两江交汇的特殊地理位置，大桥一跨过汉江的气势、优美的造型、鲜艳的橘红色格外突出，成为武汉市的标志性建筑物，一道靓丽的风景。同时成为武汉长江大桥的好伙伴。

◉ 上海卢浦大桥

「上海卢浦大桥」

卢浦大桥位于上海市市区的南侧，跨越黄浦江，是城市主干道上的一座公路桥梁，按双向六车道布置，车行道总宽 24.5 米，人行道两侧各宽 2.0 米。桥下通航净空：高 46 米、宽 340 米，可通过 7 万吨级的轮船。

> 卢浦大桥是当今世界上跨度仅次于朝天门长江大桥钢结构拱桥。其主桥桥型结构为中承式钢箱系杆拱桥，主桥跨径组合为100+550+100，其中主孔跨径 550 米，主拱截面 9 米高，5 米宽，也是世界上首座采用全焊接工艺的拱桥，现场焊接焊缝总长度达 4 万多米，接近上海市内环高架路的总长度。

卢浦大桥造型优雅、雄伟壮观，两下宽上窄的拱肋形成提篮拱的效果，稳重大方，乳白色的涂装使大桥色彩淡雅，显现热带建筑风光，别具一番情趣。观光平台设在巨弓般的拱肋顶端，游客乘坐高速观光电梯从桥下直达 50 米高的卢浦大桥桥面，然后沿大桥拱肋（拱背上）人行道拾级而上 300 多级台阶、280 米距离、100 米高的拱肋顶端，“爬到”拱顶观光远眺浦江美景，尽管很累，但人们还是乐此不疲。卢浦大桥获国内外多项奖项。

◉ 重庆菜园坝长江大桥

「重庆菜园坝长江大桥」

重庆菜园坝长江大桥（又名珊瑚长江大桥）位于重庆市主城区中心地带，南北向跨越长江，主桥长 800 米，主跨 420 米，是目前世界上公路与城市轻轨两用最大跨径的拱桥。大桥上层为六车道公路、桥外侧各设 2.5 米人行道平面布置，桥面宽度 30.5 米；下层为双线轨道布置，净宽 8.6 米。大桥主拱圈及拱圈与梁体墩柱构成的造型简洁、轻盈、明快，主拱为艳丽的红色，使桥梁分外漂亮。

大桥的设计聘请了世界著名桥梁专家、美籍华人邓文中先生担任技术总监，他对解决不同结构体系的组合有独到见解：如空间Y形刚构体系、钢桁梁整体安装技术、检测系统等。早在设计之初，邓文中便认为主梁应该是桁架结构，让在轻轨列车中的乘客也能欣赏到长江的景色。

大桥整座桥采用环保的红色四层防腐涂装，异常醒目。大桥使用的防水层材料从英国进口，这种“防水衣”在桥梁上是第一次使用，具有高强度和超强的柔韧性，使用寿命可达 30 年。菜园坝大桥为行人提供了观景功能，两侧人行道最宽处约 6 米，在重庆市已建桥梁中属于最宽的人行道配置，充满人性化色彩，市民站在人行道上即可欣赏江景。

缘绳悬渡：索桥

索桥，又称绳桥，亦作絙桥。

有人认为索桥起自猿猴相牵攀悬驾作桥，以使猿群渡越川谷。如《水经注·沔水》中有：“汉水又东迳猴滩，山多猴猿，好乘危缀饮，故滩受斯名焉。”“乘危缀饮”是指在树巅相连接下挂，临涧饮水。不过牵架成桥这样的举动，谁也没有真正见过，中外都没有记录，恐怕很难成立。

索桥的起源理应来自对自然的模仿。人类在知道用长条作股，绞成绳和索之前，一定还经历过直接利用自然界生长的藤萝蔓莽的阶段。

索桥的材料最早采用的是竹子。竹子强度很大，整竹抗拉强度每平方厘米约 15 千牛，而篾青的强度每平方厘米可达 18 千牛，几可和钢相比。直径 15 厘米的竹索，破断强度可达百吨左右。不过，竹索虽强劲，但需每年整修，三年更换。而铁链可用百年以上，因此，凡是有条件的地方，一般都以铁代竹。

在近代冶金技术传入中国以前，中国产铁分为生铁、熟铁和钢。熟铁和钢还有淬火的办法。百数十米长的铁链，便靠这一钳、一砧、一锤接合起来。

近年工业生产的钢丝绳，虽耐久性并不理想，但取材容易，已普遍使用。

从历史探源，再综合索桥的地理分布位置，可知中国索桥源于西陲，主要在四川、云南、西藏3省（自治区），然后扩展至邻省甚至邻国。

索桥虚悬而度，有多种构造。

以索的多寡，可分为独索、双索和多索桥。

以桥跨的多寡，可分为单孔和多孔简支或连续桥。

以索的断面布置，可分为V形、U形、网状和平列索的宽桥。

以过桥方法，可分为溜度（或悬度）、人行和人畜同行桥。

至于其制造、安装、使用的构造细节，因材料和结构而异。中国古代索桥的技术和艺术自成一格。

◉ 溜索桥

溜索桥是用一根绳索，高绷两岸之间，人、畜、物顺之溜达对岸的索桥。

「四川竹索溜筒桥」

单索溜筒分为平溜和陡溜两种，一般为平溜。索两端在同一水平，或缚于木柱、或系于石柱、石孔，甚至即系在崖侧大树上。旧时溜索靠木筒，人缚悬筒上，或坐或仰。因为平索下垂，初过半桥，乘势下溜；过桥之半，索势向上，得靠腕力攀索而上。如索的两端不能缚在同一水平而略有高低，则自高向低，自然顺溜省力，可是自低向高，便需攀援。

若用两道单索溜筒桥，单向顺溜，成双索溜筒桥，其通过能力和使用效率都高。

◉ 双索三索人行桥

四川江油，窦圌山云岩寺有一座仅有的上下双索人行铁链桥。

窦圌山一名豆圌山，因为山石是豆子大小黑石子结成的砾岩，山形如草屯（圌）而名。又因唐彰明县主簿窦子明隐于此山，换修铁索桥，故更名窦圌。其较早的名字为猿门山。梁·李膺《益州记》：“猿门山在涪县之北二十五里，上多猿。其山二峰嵥坚如门，故曰猿门。”

「四川江油窦圌山东、西峯间铁索桥」

◉ 左右双索人行桥

「四川天全二郎山双索桥」

左右双索，水平相距约 1 米。或以藤条，或以皮绳，或以细链，如 V 字形斜挂而下。承托中间编织的细藤桥面，或纵向木梁、木板桥面。人行桥面上，左右手把握悬索而行，其稳妥胜似上下双索桥。这一桥式，已是近年悬挂桥面悬索桥的先声，只是梁未加劲而已。

V 形双索桥川、滇都有，西藏独多。

四川自天全到泸定的康藏公路侧，在二郎山脚下，跨天全河河谷，有桥如所示。

◉ 四至六索走行桥

西藏的多索铁索桥的断面布置，链少而荆多，桥面较窄，且呈 V 或

U形。

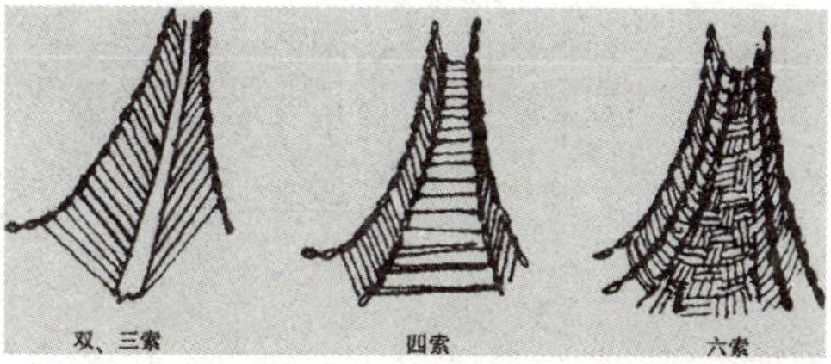

「西藏铁索桥布置形式」

◉ 并列多索桥

并列多索，上铺木板成桥面，有的不设桥栏索，有的在左右各悬二至数根缆索，加夹柱，作栏杆，这是川、滇和其他内地省习见的中国古代索桥。

四川都江堰市安澜桥在成都西北，西汉置都安县，属汶山郡。唐称导江，属益州。元称灌州，明改灌县。县以秦李冰水利工程都江堰（汉名金堤，晋称湔堋，又名都安大堰）而著名。

江堰市原共有索桥十五座，计岷江上有溜筒三（崖后、鸡公章、弯钟崖），绳桥二（安澜、胜因寺）；寿江上有四（天生、丰乐、定元、官培）；白沙河上有六（利涉、积德、彩虹、复兴、崇兴、拥）。唐时尚有铁索桥二。见于清光绪丙戌（公元1886年）所刻《四川成都水利图》中者，有两座竹索桥，即白沙利涉桥和安澜桥。

安澜桥位于都江堰口，横跨内外两江，气势雄伟，是世界上难得的古代索桥工程，与都江堰相得益彰。

桥和堰并非同时修建。《华阳国志》和《水经注》都记堰而无桥。汉赋不名，唐诗不咏，其始建年代当在唐代以后。

「四川灌县安澜桥(20世纪50年代竹索)」

竹索桥需年年维修，三年一大修，修必在冬季，所以冬架浮桥。大修时，时或移动一下桥位和墩位，因此各时期桥长不尽一致。

范成大《戏题索桥》诗道：“织箪匀铺面，排绳疆架空。

染人高晒帛，猎户远张窒。薄薄难承雨，翻翻不受风。何时将蜀客，东下看垂虹。”写出了桥的形象。最后归结为有机会将请四川人到范成大的老家吴江去看看垂虹桥。宋时垂虹桥是木桥，木梁木柱。

竹索难以持久，技术亦日将湮灭。1975 年交通局以新材料，即钢丝绳以代竹索，钢筋混凝土柱以代木柱，基本维持原样，但孔数变了。

◉ 并列多索铁链桥

铁链桥是藤、竹索桥的发展。

王锡衮咏盘江铁桥诗道：“横空贯索插云蹊，补天绝地真奇绝。罗浮道士作浮桥，风雨薄蚀虞飘折，又闻飞阁（栈道）用石盐（防白蚁的石盐木），百年哪得坚如铁。”铁索桥自然优于竹索桥。

四川雅安泸定桥位于雅安以西，越过二郎山，在西麓跨大渡河，由此经康定入藏，这是自古川藏要道。

《四川通志》称：“泸定桥在厂东南大渡河上。其地旧无桥梁，河水迅激，不可施舟楫。行人从三渡口援索悬度，至为危险。康熙四十年（公元 1701 年），既平打箭炉……遂造铁锁桥。”

清查礼咏泸定桥诗道：“蜀疆多尚竹索桥，松维茂保跨江饶，几年频涉竟忘险，微躯一任轻风飘。斯桥熔铁作坚链，一十三条牵两岸，巨木盘根系铁重，桥亭对峙高云汉。左治犀牛右蜈蚣，怪物镇水骇龙宫。洪涛奔浪走其下，迢迢波际飞长虹。……”。

1961 年，文化部将泸定桥定为全国重点文物保护单位。1976 年国家文物事业管理局又拨巨款重修。加固桥梁及改建桥头建筑。

桥水平净跨 100 米，铁链跨长 101 米，由十三条铁链组成，九底四栏。每链连锚固段长度平均为 128 米。每链扣数为 841~903 扣，总计有链扣 11571。每扣宽约 9 厘米，长 17~20 厘米，铁链直径 25 厘米。全桥铁链重约 210 千牛，其他铁件 190 千牛，总计用锻铁 400 千牛。旧链为锻接，破断力在 150~260 千牛；新链为焊接，破断力在 370~490 千牛。

九根底链，链间距 33 厘米，上铺 3 米长、4 厘米厚的横桥面板，板缝间距约 25 厘米。

在横板之上，中间铺四块平行的纵向走道板，两边各两块走道板，桥面总宽 3 米。桥在静载作用下，水平中垂 2.3 米，但因东西桥台高差 68 厘米，东高西低，所以索桥最大中垂点偏离跨中 5 米，最大中垂量 1.62 米，合桥跨的 1.62%。

桥两端为石砌桥台。东岸石层较低，基础未到岩石，台下有厚木板，估计可能是木桩基础，台前原有“羊圈”，即木笼填卵石的护岸。现已改为混凝土墙。西岸桥台直接做到露头的岩石。桥台上修建筑，一方面防止雨水流入锚住铁链的“落井”，另一方面起到关卡的作用。

「四川雅安泸定桥」

中国古式索桥，类型繁多，结构简单而巧妙，其最大缺点是刚度不足，变形和振动都很大。独索的溜筒桥自不用说，人缚于筒上，如荡秋千；双索、三索以至多索的索桥，也是“一举足辄摇荡不已，必手揣旁枝，然后可移”。一百数十米跨径的藤网桥，横向摇摆可至八九米。索随行人起伏，倾欹、摇摆、因此索桥称为“软桥”。

中国古代索桥的几种桥面布置形式，尚没有在世界近代索桥中全部反映出来。

近代索桥桥面是悬吊在主索之上的，这是我国双索桥的发展。初期仅有纵横梁，之后出现了加劲桁和梭形箱形梁。

1958 年土耳其计划在博斯普鲁斯海峡建桥，在征求设计方案时，德国工程师提出了以预应力混凝土带状薄板建造悬索桥的设想，这是我国并列多索桥的发展，在当时立即引起轰动。至今世界各国仍在不断地建造试验桥，以便求得更好的形式和更大的跨度。V形吊索成为中小悬索桥的有用构思。另外，美国还曾研究过网状悬索桥。

20世纪90年代建成的河南渑池白沙桥，单孔450米，车辆可以行驶在并列多索面上的悬索桥上。该桥钢扁担横梁，左右悬伸，两端亦分别承以钢索，以克服薄带在桥面与横向偏载时产生的倾欹。此桥可行走坦克。

中国大陆有1.8万千米长的海岸线，有众多的海湾和三大海峡，需要建超大跨度的连续悬索桥以通公路和铁路。发掘、研究中国古代索桥，应用近代材料和科学技术推陈出新，以至完全创新地建设跨海工程，这些设想的前景都是广阔光明的。

与时俱进：现代悬索桥

据记载，公元前250多年在四川境内就有了竹索桥，公元前65年在云南出现了兰津铁索桥，由于材料和设计等问题，2000多年来索桥发展缓慢。1938年我国第一座近代悬索桥——能滩桥在湖南湘西建成，除偏远山区零星修建小跨径简易索桥外，随后几十年我国在悬索桥建造方面几乎处于停滞状态。进入20世纪90年代，主跨452米的广东汕头海湾大桥揭开了我国大跨度现代悬索桥建设高潮的序幕。而长江流域修建的悬索桥数量占全国悬索桥的1/2以上，不仅在长江主干上修建悬索桥，而且在长江流域中深山峡谷里也修建了为数不少的悬索桥。不断涌现的新技术使悬索桥建造的总体技术跃上了一个新的台阶。

悬索桥是一种既古老、又现代的桥型。现代悬索桥建造技术是最尖端的建筑理论、技术、材料、设备的整体技术集合体，是桥梁技术发展的一个象征。

广东汕头海湾大桥是我国现代大跨径悬索桥建造起点，仅仅一年的时间，西陵长江大桥的900米跨径将其跨径刷新。1997年建成的虎门大桥，主跨径 888 米；同年香港青马大桥建成，主跨径 1377 米，1999 年江阴长江大桥历时 5 年建成，主跨径 1385 米，傲视 20 世纪悬索桥群雄，这也是内地第一个由中国人自己设计、建造的超千米跨径悬索桥，标志着中国悬索桥建造技术的飞跃，也使我国进入世界悬索桥建造的先进国家行列。2005 年 4 月，历时 5 年建成的润扬长江大桥的南汊悬索桥，跨径 1490 米，又一次刷新跨径纪录，成为当时中国第一大跨悬索桥。大桥的建设综合体现了悬索桥建造水平达到了世界水平的新高度。美国高级公路代表团在参观润扬大桥后说，美国要向中国学习建桥技术。国际桥梁学会主席伊藤学先生参观后感言，这是他看到的最漂亮的桥梁。2009 年 12 月建成通车的舟山连岛工程的西堠门大桥，主跨 1650 米，将跨径的记录又提高了一步，目前排名世界悬索桥第二大跨径。

在高山峡谷中建造悬索桥的施工难度非同小可，主跨 1176 米的湖南省吉首矮寨大桥，主跨 900 米的湖北省恩施四渡河大桥，主跨 1088 米的贵州省坝陵河大桥，代表了另一类型的悬索桥建造的最高水平。一串串数字不断更新的背后，凝聚了几代人的努力和梦想，体现了技术进步和广大建桥人的辛勤汗水。他们付出的辛勤劳动和取得的成就让我们肃然起敬。

悬索桥是一种适用于大跨度的桥型，在苏通长江大桥作为斜拉桥建成之前，单跨 1000 米以上的桥梁都是由悬索桥独揽。它们可以保证大型船舶通行，减小河道及水流扰动，是一种很适宜的桥型。

现代悬索桥一般有三跨，也有单跨和多跨桥。悬索桥最重要的构件是主缆、桥塔、锚碇，主缆两端锚固在桥外锚碇或山崖上，中间支承在桥塔上。桥

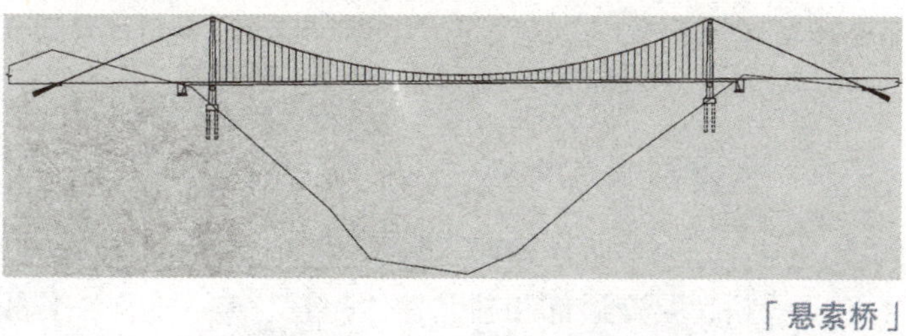

「悬索桥」

塔顶部设置鞍座，在温度、荷载作用下，使缆索通过鞍座可以自由伸缩。无论是边跨还是中间跨主缆的形状都有一定的垂度，纵向呈弧形弯曲状，这也是区别于斜拉桥的特征。在主缆上每隔一定的距离均匀布置竖向吊索，把桥面梁体吊起（拉住），使桥上荷载通过吊索传递给主缆，再传递给主塔和锚碇。通常主缆是由许多股高强钢丝集束而成，起受拉作用，抗拉的能力非常大，可以承受几万吨的拉力。桥面系的梁体由桥道梁（通常称加劲梁）构成。

◉ 宜昌西陵长江大桥

「宜昌西陵长江大桥」

西陵长江大桥是为兴建三峡水利枢纽工程，运输跨越长江的施工材料而建造的。为确保在施工期间截流和桥下船舶通行，大桥必须一跨过江，因此采用悬索桥方案。三峡大坝竣工之后成为永久性桥梁。

大桥按公路四车道设计，车行道宽 15 米，两侧人行道宽 1.5 米，荷载按特载设计。大桥全长 1118.6 米。主桥为单跨双铰式钢箱梁悬索桥，桥孔布置为 225+900+225 米，大桥主跨 900 米。大桥颜色为橘红色，即鲜艳醒目，利于导航；又代表着宜昌市是全国有名的柑橘之乡。

大桥的下游修建了三峡水利枢纽建设展览馆，人们可从这里领略三峡水利工程宏伟的气势与建设的艰辛。

◉ 宜昌长江大桥

宜昌长江公路大桥是沪渝（上海至重庆）高速公路跨越长江的一座大桥，是交通部和湖北省“九五”重点工程，其战略意义非同一般。大桥位于宜昌市市郊下游段的虎牙滩，大桥按双向四车道设计，桥面宽 30 米。大桥的主跨为 960 米单跨双铰钢箱加劲悬索桥。索塔采用门架式，南北塔高不同，其中南塔高 120 米。大桥建造获国家多项奖励。

「湖北宜昌长江大桥」

◉ 武汉阳逻长江大桥

「武汉阳逻长江大桥」

武汉阳逻长江大桥位于武汉市市郊，上距江汉关约 30 千米。该桥是京港澳高速公路、沪渝高速公路，以及武汉市绕城公路共线段上的一座桥梁，主要担负武汉市的过境交通。大桥按双向六车道高速公路标准设计，桥下通航净宽 425 米、净高 24 米，可以过万吨轮船。

大桥全长 2725 米，桥跨布置为 250+1280+440 米，主跨 1280 米，为单跨钢箱梁悬索桥，大桥加劲梁采用流线型的扁平钢箱梁，索塔为钢筋混凝土结构，横梁为钢剪刀撑式，在我国桥梁中较为少见。

> 大桥造型大方新颖、美观，在阳逻两岸平坦地形衬托下，整体造型雄伟、稳健，是该区域最大的标志性建筑。大桥在如锚碇研究、无黏结可换式预应力锚固系统研究等新技术创新方面取得较多成果。

◉ 南京长江四桥

南京长江四桥位于南京市长江段的下游，距南京长江二桥下游约 10 千米。桥位处江面宽阔，达 2000 米。大桥主要承担过境高速公路的交

「南京长江四桥」

通。按双向六车道高速公路标准设计，桥梁宽度 33 米，大桥结构为三跨连续钢箱梁悬索桥，跨径布置为（166+410.2）+1418+（363.4+118.4），共 2476 米，单孔 1418 米，桥下通航净高 50 米。目前是我国第三大跨径悬索桥，在世界同类桥梁中排名第五。大桥主梁为扁平钢箱梁，索塔采用混合式结构形式，其造型呈拱门式样。大桥在宽阔的江面上，造型优美，气势恢宏，成为地区标志性建筑。

◉ 润扬长江大桥

润扬大桥位于镇江与扬州之间的长江河段，为长三角地区重要的路网枢纽。大桥桥位处江面宽阔，江中间有一个叫世业洲的小岛，将长江分为北汊和南汊两个江面。大桥按高速公路双向六车道设计。

润扬长江大桥是长江上第一座斜拉桥与悬索桥组合的特大桥。

大桥跨南汊主桥为主航道，跨径布置 470+1490+470 米单孔双铰钢箱梁悬索桥，其中 1490 米为主跨；北汊主桥为副航道，跨径布置 176+ 406+176 米三跨双塔双索面钢箱梁斜拉桥，两主桥之间设置上下世业洲的互通。桥下主航道通航净高 50 米、副航道通航净高 24 米。单孔 1490 米悬索桥当时为我国第二大跨径悬索桥，在世界同类桥梁中排名第四。南汊主桥是柔性悬索桥，北汊主桥是刚性斜拉桥，组成我国第一座刚柔相济的组合型桥梁。

「润扬长江大桥」

◉ 泰州长江大桥

泰州长江大桥位于江苏省长江中段，距上游润扬长江大桥 66 千米、下游江阴长江大桥 57 千米，北接泰州市，南连镇江和常州两市。大桥按公路标准修建，桥宽 33 米，主通航航道净宽 760 米，净高 50 米；副通航航道 220 米，净高 24 米。主桥为三塔两跨连续钢箱梁悬索桥，桥跨布置：390+2 × 1080+ 390 米，其中主跨 2 × 1080 米。主梁采用全焊接扁平流线型封闭钢箱梁。

「泰州长江大桥」

泰州长江大桥是我国第一座，也是世界首座三塔双跨、跨径超千米的悬索桥，具有创新意义。

◉ 江阴长江大桥

江阴长江公路大桥位于江阴市，跨越长江江阴段最窄之处，南北连接江阴与靖江，是高速公路同江至三亚及北京至上海的共线跨江“咽喉”工程。该江段水上交通异常繁忙，不同种类的船只穿梭不断。20 世纪 80 年代建造初期，因我国在悬索桥建造方面当时还缺乏经验，融资发生困难，经多方斡旋，终于引进英国政府贷款 8930 万美元，设计单位和大学协同攻并聘请了英国设计公司作为咨询单位。上部结构由英国公司施工。

「江阴长江大桥」

大桥按高速公路标准修建，双向六车道，全长 3177 米，主桥布置：336.5+1385+309.34 米，主跨为 1385 米，单跨简支钢箱梁悬索桥，当时为中国第一大跨径。

该桥也是我国第一座单跨跨径超千米的悬索桥。桥面宽33.8米，桥下通航净高48米、净宽380米，可通行5万吨的海轮。

主缆钢丝累计长度达10万千米，可绕地球两圈半，总重量达1.7万吨。塔高190米，北锚碇离长江大堤200米以上，其沉井重达7.6万吨，高58米，平面面积有半个足球场大，可承受主缆拉力6.4万吨，为“世界第一大沉井”。施工难度极大。大桥建造成功，在长江公路大桥的建设中具有跨越台阶式的意义。

◉ 吉首矮寨大桥

「吉首矮寨大桥」

吉首矮寨大桥位于湖南省吉首的高山峡谷之中，附近是湖南风景名胜德夯。大桥建于吉首至茶洞高速公路上。桥位处两岸的地形陡峭形似绝壁，桥面距谷底深达330米，山谷两侧悬崖水平距离为900~1300米。桥梁跨越公路史上有名的九曲十八弯盘山公路——矮寨盘山公路，形成一道历史与现代发展对比的风景奇观。

大桥全长1073.65米，主跨为单跨塔梁分离钢桁梁悬索桥。桥跨布置为242+1176+116米。大桥造型轻盈，桥塔和缆索都涂成了红色，在翠绿群山之中，异常鲜艳醒目。桥台左右侧设置了观景平台，游人可到此驻足近看大桥，远眺周围的群山景色，在山峦起伏，草木葱郁，云雾缥缈中，近看大桥在万山丛中仿佛一叶扬帆的扁舟，在云雾中时隐时现，让人们充满无尽的遐想。

◉ 恩施四渡河大桥

恩施四渡河大桥位于湖北省恩施州巴东县野山关镇，是沪渝（上海至重庆）高速公路湖北宜昌至恩施段上的一座极具个性的大桥。因四周被大山包围，难以找到大片的平地，在其中修建高速公路十分困难，而修建桥梁则更是难上加难。

「恩施四渡河大桥」

恩施四渡河大桥的主桥为单跨900米双铰钢桁加劲梁悬索桥，为我国已建的最大跨度的桁架加劲梁悬索桥。桥面距谷底的高差约500米，比矮寨大桥多200米，可谓世界第一高桥。

「采用火箭传递施工牵引索」

桥址处地形起伏巨大，施工场地狭小，运输条件困难，施工难度高。在悬索桥的缆索施工时，为将重要的先导索拉到对岸，设计创造性地采用了发射排障火箭弹方式，将引导索抛射到对岸开创了建造桥梁用火箭的先河。现今，凡对这座桥有所了解的人，开车到此时都不免要放慢车速感受在云中走、雾中游的感觉，有强烈好奇心的人还会停车往桥下观看，足见此桥的魅力。

◉ 湖南能滩吊桥

能滩吊桥位于湖南省泸溪县境内，跨越能滩河，是319国道上的一座桥梁，也是我国公路上最早修建的现代钢链吊桥。河两岸山谷陡峻，河水深达20余米。该桥由工程师周凤九设计，欧阳缄负责带队施工，1937年3月修

「湖南能滩吊桥」

建，1938 年 5 月建成通车，耗银洋 69000 元。吊桥跨径 80 米，高 20 米，桥面宽 4.5 米，载重标准 10 吨。桥台为石砌，桥塔为空心圆柱式铸钢结构，高 9 米。悬索为链条式，由 65 节铸钢眼杆构成。桥面每侧以 4 根钢圆条作为风缆将桥面拉紧，以防水平摆动。1970 年，在该桥的旁侧新能滩大桥建成后，吊桥停止使用。目前，吊桥已作为省重点文物保护单位，每年都要上漆维护，依旧绽放光彩。

技术创新：现代斜拉桥

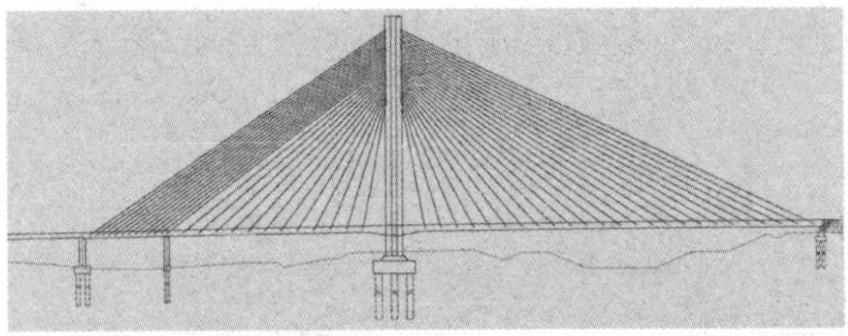

「独塔斜拉桥」

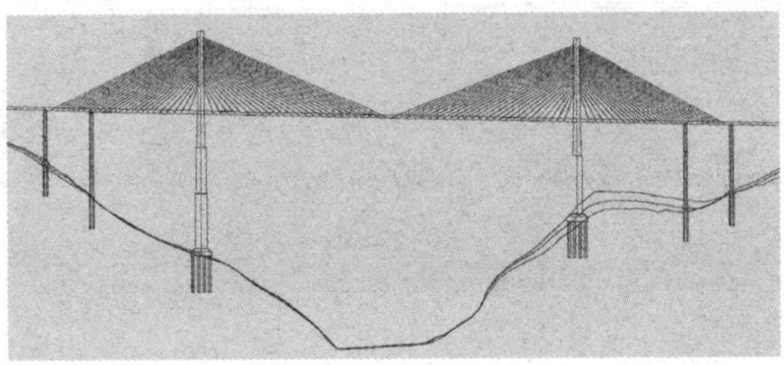

「双塔斜拉桥」

斜拉桥又名斜张桥，是索桥的一种，是一种组合受力体系桥。斜拉桥的桥型特征是由主桥塔、主梁、斜拉索等主要构件构成，在桥塔和桥面主梁之间用多根拉索（高强钢材）张紧，拉索是直的，区别于悬索桥索是垂弯的，通过拉索将桥面荷载传递至主桥塔，共同承受荷载。

在桥的纵向由单个桥塔布置称为独塔斜拉桥，两个塔称为双塔斜拉桥，两个以上桥塔则称为多塔斜拉桥；或根据桥塔数量称为“N”塔斜拉桥。横桥向一个塔柱、立面只布置一个斜拉索面，称为单索面斜拉桥；横桥向两个塔柱、布置两个索面，称为双索面斜拉桥。主梁由混凝土建造称为混凝土斜拉桥，由钢材（钢箱梁、钢桁梁）建造则称为钢斜拉桥。主塔由混凝土建造称混凝土塔，由钢材建造则称为钢塔。斜拉索锚固在塔和梁之间为自锚式斜拉桥；拉索一端固定在主梁上，一端固定在山岩石上为地锚式斜拉桥。根据桥塔、墩、梁之间的结合方式不同，分为塔梁分离—漂浮体系、半漂浮体系、塔梁固结的固结体系等。

斜拉桥不同于三大古老桥型：梁桥、拱桥、悬索桥，是现代桥梁的全新桥型，而且对拉索等材料要求较高，锚固构造难以实现。在17世纪的欧洲，曾有人尝试修建具有斜拉桥概念的人行桥，因受当时条件限制，没有成功。斜拉桥的力学模型和计算分析比较复杂。直到20世纪50年代，桥梁设计师才重提这个桥型并加以重视。世界上第一座斜拉桥诞生在20世纪50年代的瑞典。但这种桥型一经研究和建造，其发展异常迅猛。

我国从20世纪70年代中期开始学习探索斜拉桥的建造技术，至今已经走过40多年的历程。先后经过大约三个建造浪潮，从学习、积累到突破，创造了中国式的奇迹，目前我国已经有能力建造各种类型的斜拉桥。苏通长江大桥更是创造了几个世界之最，特别是世界第一大跨1088米，标志着我国建桥技术已经达到了世界先进水平。

◉ 宜昌夷陵长江大桥

宜昌夷陵长江大桥位于宜昌城区，上距葛洲坝水利枢纽7.6千米。

「宜昌夷陵长江大桥」

大桥全长3246米，主桥长936米，主跨采用2 × 348米，宽23米，是长江上第一座三塔倒Y形单索面混凝土加劲梁斜拉桥。

该桥为当时国内最大跨径的三塔混凝土斜拉桥。三个水中塔墩嵌于江中，恰到好处的孔跨布置和优美的造型，仿佛三个美丽少女手拉着裙摆，在江中起舞，在夕阳余辉下，大桥显得格外妩媚具有动感。新颖的构思拓展了桥梁造型的思路。

◉ 荆州长江大桥

荆州又名江陵城，曾是兵家必争的战略要地，也是全国重要的粮棉基地和轻工城市、楚文化、三国文化重要发祥地。

荆州长江大桥是荆州市第一座跨越长江的大桥，增加了古城的现代气息，也使湖北中部与湖南北部的交通更为便利。

「荆州长江大桥」

大桥为公路桥，桥位处江面宽2350 米，江中有一沙洲叫三八洲，宽1100米，将江面分为南汊和北汊。因此，大桥也分为南汊桥和北汊桥。南汊桥主跨 300 米；北汊桥是一座200+500+ 200 米的双塔双索面预应力混凝土斜拉桥，采用全漂浮体系，主梁为连续梁，采用预应力混凝土肋板，斜拉索索面按扇形布置，索塔高 150 米。该桥 500 米主跨，在当时同类桥梁中位居亚洲第一、世界第二。

◉ 鄂黄长江公路大桥

鄂黄长江公路大桥连接江南鄂州市、江北黄冈市，为武汉市交通 1 小时城市圈的一部分，通过大桥黄冈至武汉 1 小时内即可抵达。

「鄂黄长江公路大桥」

鄂黄长江公路大桥桥位处河道顺直，水流稳定，两岸大堤之间约有1270 米距离。大桥为五跨连续、双塔双索面预应力混凝土斜拉桥，全长2670 米，主桥跨径布置为 55+200+480+200+55，主跨 480 米，在同类桥梁中位居亚洲第二、世界第三，预应力混凝土双肋断面形式是国内第一次采用。

「铜陵长江公路大桥」

◉ 铜陵长江公路大桥

铜陵长江公路大桥位于安徽省铜陵市羊角矶下游600米处，是徐州至屯溪公路跨越长江的大桥。大桥全长3592米，主桥长1152米，南北引桥长1440米，桥宽23米，通航净高24米。主桥为预应力混凝土双塔双索面斜拉桥，主跨432米，索面按扇面布置，桥塔为H形、箱型断面，塔高153.65米。桥梁的主跨跨径在当时位居世界第三、亚洲第一。

铜陵长江公路大桥横跨的羊角矶又称阳山矶、大通矶，由13座山峰连接，山峦陡峭，远眺整个群峰似羊一般，大小两个矶头好似羊角耸立，其景色绮丽诱人。

据《九华山志·交通》记载："若沿江各省，登九华山者，水道由大通入，羊山为第一站。"羊角矶名列九华胜景名录，其山上的凉（羊）山塔和不波亭及关帝庙被列为九华一景而刻入《东南第一大九华天台胜境全图》。大桥建成之后，兴建了桥南公园，中间有"凤凰涅槃"、"锚钻"、"功德碑亭"等景点，还有建设大桥用过的巨型钻头、铁锚等物件。2003年3月26日，国家邮票总公司特地发行了一套四枚"长江公路大桥"邮票，铜陵长江公路大桥就在其中。

◉ 南京长江二桥

南京长江二桥位于南京市郊，距南京长江大桥下游11千米，主要承担外埠车辆过境的重任，也是2010年前长江江苏段新建的五个战略性通道之一，为缓解南京长江大桥的交通压力起到了重要作用。大桥建造处的

「南京长江二桥」

长江被八卦洲分为南汊、北汊。北汊主桥为预应力混凝土连续梁桥。南汊主桥为双塔双索面连续钢箱梁斜拉桥，半漂浮结构体系。桥跨布置：58.5+246.5+628+246.5+58.5，共1238米，两索塔采用倒Y形钢筋混凝土塔身，塔高195.41米。主跨628米在国内同类型桥梁中排名第二，世界上排名第四。

南京长江二桥建造有多项技术创新点，几乎囊括所有的国家大奖。南汊桥的南侧建有公园及桥梁博物馆，馆内采用先进的声、光、电技术，生动展示了二桥建设历程和世界名桥大观，令游人体味建桥之艰辛，了解大千世界桥梁历史发展之概况。

◉ 南京长江三桥

南京长江三桥是沪渝高速公路关键节点，位于南京长江大桥上游19千米处的大胜关，南岸与南京绕城公路相接，北岸与合宁高速公路相接。大桥跨江部分长4744米，主桥为63+257+648+257+63米的双塔双索面钢塔钢箱梁斜拉桥，半漂浮体系。主跨648米在国内同类型桥梁中排名第一，世界上排名第三。两索塔采用“人”字形全钢塔身，塔高215米，其中钢塔身高178.68米。

「南京长江三桥」

值得一提的是，桥塔在国内首次采用全钢设计。其截面远远小于混凝土塔柱，因此造型纤细，塔高与桥跨的比例协调，桥下净空适度，使其成为国内少有的“漂亮”桥。夜幕降临，在现代化桥梁灯光系统映射下，大桥不停变换色彩，斜拉索被照得若隐若现，景色倒映在江中显得格外华丽、壮观。大桥也有多项技术创新点，获得多项国内外大奖。

◉ 苏通长江大桥

「苏通长江大桥」

苏通长江大桥南接常熟，北接南通。主要解决南通与常熟、上海虽咫尺之遥，却不得不靠轮船过渡或公路长途绕行的困难。

苏通长江大桥桥长 8146 米，由主桥、辅桥和引桥组成。考虑从出海口进入的 5 万吨集装箱货轮和 4.8 万吨级船队的通航需要，桥下主航道孔布置为 62 × 891 米（高 × 宽）。大桥的孔跨布置为 100+100+300+1088+ 300+100+100 米。

> 苏通长江大桥主跨 1088 米是当时世界斜拉桥中最大跨径，名列世界第一，也是世界上第一座主跨超过千米的斜拉桥，这一纪录直到 2012 年才被俄罗斯的东博斯鲁斯海峡大桥（1104 米）超越。

两个主塔塔高 300.4 米，也是世界桥梁第一高塔。塔柱下侧每个承台尺寸 51.35 × 48.1 米，有 2/3 个足球场般大小。承台下侧由 131 根直径为 2.8/2.5 米变直径桩组成，桩长达 117 米。桥梁的主梁采用全焊扁平钢箱梁，高 4.0 米，全宽 41 米。斜拉索单根最大重量 59 吨。全桥用混凝土 149.3 万立方米、钢材 28 万吨、斜拉索 6278 吨。

大桥建设攻克了 10 项世界级关键技术难题，多项技术达到国际先进水平，并占据全国斜拉桥建造第一位置。

◉ 上海长江大桥

上海长江大桥为上海长江隧桥（即上海崇明越江通道）项目的桥梁部

「上海长江大桥」

分，桥梁长 10 千米。桥位处距入海口很近，受潮汐和径流的双重影响，水文条件复杂，建造难度极大。

大桥桥长 4302.5 米，双塔双索面五跨连续钢箱梁斜拉桥，全漂浮体系。桥下通航净空为 585 × 52.7 米。主桥采用 92+258+ 730+258+92 米，730 米的主跨在国内同类桥梁中名列第二位。索塔采用人字形独柱钢筋混凝土结构形式，造型简洁明快，塔高 209.32 米。

◉ 上海南浦大桥

「上海南浦大桥」

我国第一座大跨度现代斜拉桥。原计划请日本人免费设计，低息贷款，帮助建造。后经同济大学校长、桥梁专家李国豪先生呼吁，我国自主建造得到政府支持，同济大学主动请缨，和上海市政设计院齐心合力，刻苦攻关，并邀请了美籍华人桥梁专家邓文中先生当顾问，自行设计、施工，攻克多次技术难关并终使大桥于 1991 年顺利建成通车。该桥建造对我国现代化大跨度桥梁开始自行设计、施工，具有探索和引领作用，意义非凡。

大桥位于上海市南码头，内环线上跨越黄浦江，是连接浦东与浦西的关键桥梁。主桥为双塔双索面钢混结合梁斜拉桥，大桥全长 8346 米，桥下通航净高 46 米。主桥长 846 米，桥孔布置：40.5+76.5+ 94.5+423+94.5+ 76.5+40.5 米，主跨 423 米。桥塔为 H 型钢筋混凝土折线塔柱，塔柱内设 4 部观光电梯，让游客将新浦东的美景收入眼底。位于南码头一侧的引桥是环形引桥，解决了连接道路的高程差问题，减少了土地占用和拆迁。南浦大桥获得国家多项奖励。

◉ 湖北鄂东长江大桥

「湖北鄂东长江大桥」

湖北鄂东长江大桥南岸位于长江中游黄石市（市郊）与鄂州市交界处，北岸为黄冈市浠水县是沪渝高速公路上黄石至黄梅段跨越长江的重要节点。大桥为连续半漂浮体系的双塔混合梁斜拉桥，桥孔布置为3 × 67.5+72.5+926+72.5+3 × 67.5米，共1476米。主梁中跨采用分离式双箱断面钢箱梁，边跨采用相同外形的双箱断面混凝土箱梁，因此为混合梁。该桥主跨跨径926米，次于苏通长江大桥和香港昂船洲大桥。目前在世界大跨径的斜拉桥中排列第四。该桥于2010年建成。

◉ 武汉天兴洲长江大桥

「武汉天兴洲长江大桥」

天兴洲长江大桥是武汉第二座公铁两用桥，上层为六车道公路、下层为四线铁路，南北向的高铁借此桥跨越长江。大桥位于武汉市长江的下游段，距武汉长江二桥下游9.5千米。天兴洲将江面分隔为南汊和北汊两个部分。天兴洲长江大桥正桥全长 4657.1 米，跨南汊主桥为双塔三片主桁三索面钢桁梁斜拉桥，桥孔布置：98+196+504+ 196+98米，共1092米，主跨504米。

武汉天兴洲长江大桥作为全国第一座三索面三片钢桁梁双层斜拉桥，设计与施工克服了大量的技术难题。该桥是世界上最大跨径的公铁两用斜拉桥，创下了跨度、荷载、速度、宽度四项世界第一。

芜湖长江大桥

芜湖长江大桥位于长江中游的安徽省芜湖市，两岸地势平坦，江面宽阔。大桥连接宁芜、芜铜、皖赣、淮南四条铁路和合芜、宁芜、芜杭等五条公路，对完善华东铁路和公路网建设、带动经济发展具有重大意义。大桥是我国第一座公铁两用低塔斜拉桥，也是迄今为止长江上规模最大、长度最长的桥。主桥采用板桁组合结构低塔斜拉桥的桥型。布孔为（120+2 × 144）+2 ×（3 × 144）米的三联连续钢桁梁加上 180+312+180 米一联用斜拉索加劲的连续钢桁梁加上 2 × 120 米一联连续钢桁梁，其中主跨 312 米。大桥下层为双线铁路，铁路桥长 10624.4 米；桥梁上层为公路，公路桥长 6078.4 米，宽 18 米，四车道加两侧各 1.5 米人行道。

「芜湖长江大桥」

大桥看起来其貌不扬，跨度并不大，桥塔“个头”也不高大，其实玄机就在于此。这是因为大桥紧挨军事飞行区域，不能把桥塔做高，给设计带来极大的困难，也是该桥最引人注目的地方。为了克服这一困难，芜湖长江大桥有 10 多项技术达到全国第一，施工合龙达到零误差，这是大跨度桥梁施工绝无仅有的，使我国斜拉桥的整体建桥水平上了一个新台阶。大桥也因此荣获多项大奖。

武汉二七长江大桥

武汉二七长江大桥位于长江二桥与天兴洲公铁两用长江大桥之间，距武汉长江二桥下游 3.2 千米，江北起于江岸武铁新江岸小区处，江南止于青山钢都花园罗家港。大桥于 2008 年 8 时开工，2011 年 12 月 31 日建成通车。

「武汉二七长江大桥」

二七长江大桥桥面双向六车道，宽度为29.5米。桥下通航净高24米。大桥全长6507米。大桥为三塔结合梁斜拉桥，三塔之间的两个主跨均为616米，是世界上最大跨度的三塔斜拉桥，也是世界上最大跨度的结合梁斜拉桥，大桥主塔高209米。

◉ 上海杨浦大桥

杨浦大桥位于上海市杨浦区内环线上，跨越黄浦江，连接浦东、浦西。与南浦大桥相距11千米，互为姊妹桥。

上海杨浦大桥设计精巧，造型优雅，气势恢宏，成为上海一处科技与人文结合的旅游新景观。为纪念大桥的建成，邮电部于1993年9月25日发行了纪念邮资封。

大桥按城市桥梁设计，全长8354米，其中主桥长1172米，桥面总宽30.35米，桥下通航净高50米。主桥结构为双塔双索面钢—混凝土组合梁斜拉桥，塔墩固结，纵向采用全漂浮体系。桥塔柱为钻石形，高208米。桥孔布置：40+（99+144）+602+（144+99）+44米，其中主跨602米，是当时世界同类型桥梁中最大跨径。杨浦大桥荣获国家多项大奖。

「上海杨浦大桥」

◉ 东海大桥

东海大桥地处杭州湾、长江口和东海的交汇处，起于上海南汇芦潮港，止于浙江省嵊泗县崎岖列岛的小洋山岛，是上海国际航运中心集装箱深水港重要的配套工程。大桥受风、浪、潮、雨雾等多种气候因素的影

「东海大桥」

响，无论设计或施工都有相当的难度。

大桥建设设计以“东海长虹”为创意理念。大桥全长32.5千米，桥宽31.5米，按公路双向六车道布置。海上段设4个通航孔，净高40米，可满足并行双向5000吨级和单向万吨级船舶通行。世界现有的30多座海湾大桥中，东海大桥长度仅次于杭州湾跨海大桥，名列第二。大桥海上段主桥布孔由73+132+420+132+73米五跨组成，双塔中央索面钢-混凝土箱形组合梁斜拉桥，纵向为半漂浮体系。由于海上施工现场浇注混凝土会有很多困难，非通航孔桥墩、上部结构连续箱梁均是预制，运输到工点后吊装安装，吊装所采用的是我国自行设计的最大海上浮吊，吊重2500吨。大桥建设需要“围海造地”，采取“吹填施工法”，共吹填2350万立方米土方，造出125万平方米陆地。

东海大桥以简洁大方、凝重大气的身姿傲视东海，宛如东海边的一道靓丽彩虹。2005年美国《商业周刊》评选出中国十大建筑奇迹，东海大桥名列其中。东海大桥荣获国家多项大奖。

◉ 杭州湾跨海大桥

杭州湾跨海大桥北起浙江嘉兴海盐县，南止于宁波的慈溪市，穿越杭州湾，全长36千米，是目前世界上最长的跨海大桥。

大桥建成使宁波到上海不再绕行杭州，缩短里程约120千米。为宁波由交通末端型向枢纽型城市转变提供了条件。

「杭州湾跨海大桥」

大桥按双向六车道高速公路标准修建，桥宽33米。北航道孔按3.5万吨级海轮、通航净空325 × 47米；南航道孔按 3000 吨级海轮、通航净空125 × 31米设计。其中北航道桥为双塔双索面五跨连续钢箱梁斜拉桥，桥跨布置为70+160+448+160+70米，其中主跨448米。索塔为混凝土结构，横向呈钻石形。南航道桥为独塔双索面三跨连续钢箱梁斜拉桥，桥跨布置为80+160+318米，其中主跨318米。索塔为混凝土结构，横向呈 A 形。由于桥梁长度很长，桥梁的上部结构施工全部就地现场浇筑几乎不可能，因此桥梁的绝大多数上部构件需要在岸上预制好之后，然后再运输到位，吊装，于是派生出本桥重点攻克的技术难题：预制化、大型化、机械化。大桥建设过程中解决了梁重达 1430 吨、跨径 50 米箱形梁和深海区 70 米箱形梁段的“梁上运架设”技术难题，减少了海上浇筑混凝土作业。

根据大桥蜿蜒曲折伸向远方的形象，在景观设计上借鉴了杭州西湖苏堤“长桥卧波”的中国古典建筑设计理念。还建造了运营养护、交通组织及抢险救灾等设施。其中在海上、桥的中间部分修建了一个面积达 1.2 万平方米的平台，施工中作为工程人员生活基地和工作平台，大桥完成后成为旅游观光平台。

「杭州湾跨海大桥飞观景平台」

后记

黄河是中华民族古代文明摇篮的观念，在我国可谓家喻户晓、妇孺皆知。然而，在20世纪70年代发现的河姆渡新石器遗址及其具有7000年历史的河姆渡文化，要早于代表黄河流域具有6500年的仰韶文化。于是，在我国的考古与历史学术界开始建立新说——长江流域也是中华民族古代文明的摇篮。

河姆渡遗址出土的重要文物有6000多件，具有十分成熟的可以制作榫卯的木构技术，考古学家认为其木构技术足以建造房屋和桥梁。出土的古木桨更证明了当时已经具有舟船活动。

于本世纪初2002年，在地处长江三角洲的杭州萧山跨湖桥新石器时期遗址出土了8000年前的独木舟。跨湖桥独木舟不仅在中国和亚洲是唯一的，在全世界范围来说，也是罕见的。河姆渡与跨湖桥文化遗址充分证明：长江流域是中国舟船与桥梁的重要的发源地。

古今舟船与桥梁的历史悠久，硕果累累，各自成书也可以是洋洋洒洒几大卷，但为了配合出版社对此套丛书的总体规划，我们将其合并为一册，虽是不得已而为之，却也能集中反映长江流域舟船与桥梁之盛。

古今舟船与桥梁在长江流域存在广泛，历史悠久，风格各异，特点显著。当代长江的舟船与桥梁，既能代表中国的技术成就，也反映了当今世界的先进水平。本书的陈述仅是万里挑一，限于篇幅点到为止，望能给读者一个整体概念和印象。为喜爱舟船与桥梁的朋友作个指引，如来日亲临现场您将会得到新的全身心的体验。

为中国的古老文明和现代成就而喝彩，是我们作为专业工作者的责任和义务，望能通过我们精诚的介绍，增进您对船与桥这两个行业的了解，激发出您的热情，在圆中国之梦的路途上为伟大祖国作出您的贡献。

本书的舟船部分由武汉理工大学席龙飞编撰；古代桥梁部分由中咨集团武汉公司唐浩编撰，现代桥梁部分由中交第二公路勘察设计研究院鞠金荧编撰。三位作者中最年轻的是 60 岁，年纪大的是 85 岁，合计为 210 多岁。任何有关的批评与赐正都是我们所期待的。我们更热切地期待着年轻一代朋友们的成就与贡献远远超越过我们。

编撰者

2015 年 7 月 20 日

图书在版编目(CIP)数据

长江流域的舟船桥梁/席龙飞,唐浩,鞠金荧著.
—武汉:长江出版社,2015.9
(长江文明之旅丛书)
ISBN 978-7-5492-3654-1

Ⅰ.①长… Ⅱ.①席…②唐…③鞠… Ⅲ.①长江流域—船舶—交通运输史—介绍②长江流域—桥—技术史—介绍
Ⅳ.①F552.9

中国版本图书馆CIP数据核字(2015)第211168号

长江流域的舟船桥梁 席龙飞 唐浩 鞠金荧 著

责任编辑:李卫星
装帧设计:刘斯佳
出版发行:长江出版社
地 址:武汉市解放大道1863号 邮 编:430010
E-mail:cjpub@vip.sina.com
电 话:(027)82927763(总编室)
(027)82926806(市场营销部)
经 销:各地新华书店
印 刷:云梦县鑫光印刷有限公司
规 格:787mm×1092mm 1/16 10.25印张 140千字
版 次:2015年9月第1版 2015年9月第1次印刷
ISBN 978-7-5492-3654-1
定 价:29.80元